Wolfram Hänel · Lola und Glatze

Spreng

Wolfram Hänel

Lola und Glatze

oder

Ein Loch, um den Himmel zu sehen

Hase und Igel®

Für Lehrkräfte gibt es zu diesem Buch
ausführliches Begleitmaterial beim Hase und Igel Verlag.

Dieses Buch erschien erstmals 1997 im aare Verlag (Sauerländer AG), Aarau, Frankfurt am Main.
Für diese Schulausgabe erfolgte eine Überarbeitung gemeinsam mit dem Autor.

www.hase-und-igel.de
Die Schreibweise folgt den Regeln der neuen Rechtschreibung.
Umschlaggestaltung: Appel Grafik München GmbH
Layout: Helga Lindemann
Druck: CPI – Ebner & Spiegel, Ulm

ISBN 978-3-86760-094-1
1. Auflage 2010

Inhalt

1.

Glatze, Fischer und Ratte. Eine vierspurige Straße, in der Mitte ein Grünstreifen.

Ratte bindet sorgfältig seine Schnürsenkel.

„Bist du endlich so weit?“, will Fischer wissen und zappelt an der Bordsteinkante rum. Fischer ist schon zweimal rüber, das zweite Mal direkt vor einem Sattelschlepper. Und Glatze hat einen Mercedes SLK zum Schlingern gebracht. Jetzt ist Ratte dran.

„Okay, der Nächste ist meiner“, sagt Ratte, richtet sich auf, hält den Daumen hoch zum Zeichen, dass er bereit ist.

„Da kommt er! Gib's ihm, Mann!“, schreit Fischer.

Ratte beugt sich vor. Hundert Meter weiter schaltet die Ampel auf Grün. Ein schwarzer BMW lässt den Motor aufheulen, erster Gang, zweiter Gang …

„Mann, der hat schon mindestens 70 drauf!“, schreit Fischer. „Mach ihn fertig!“

Ratte sprintet los.

„Pass auf!“, schreit Fischer. „Mann, der gibt noch extra Gas, der tritt voll drauf!“

Ratte ist mitten auf der Fahrbahn, dann rutscht er weg, wirft sich nach vorn, lässt sich abrollen und knallt auf den gegenüberliegenden Bordstein. Der BMW verfehlt ihn nur um wenige Zentimeter.

„Das war knapp“, sagt Glatze und spuckt sein Kaugummi aus. „Verdammt knapp.“ Er zieht fröstelnd die Schultern hoch. Irgendwo weit hinten im Nacken spürt er einen stechenden Schmerz, der sich schnell über den ganzen Kopf ausbreitet, mit jedem Herzschlag gegen die

Hirnschale hämmert. In diesem Moment weiß er wieder, dass er längst nicht so cool ist, wie er tut. Verdammte Soße.

Aber Fischer ist begeistert. Er boxt Glatze in die Seite und schreit: „Mann, der hat genau auf ihn draufgehalten, hast du gesehen?"

Klar, denkt Glatze, Hauptsache Action, egal was passiert.

Auf der anderen Seite richtet sich Ratte auf, weiß im Gesicht, und hält sich sein Bein. Noch zehn, fünfzehn Autos, dann ist die Straße frei. Ratte kommt über die Fahrbahn gehumpelt.

„Der ist direkt auf mich zu, echt! Ich hab gedacht, der erwischt mich."

„Geil, Alter", sagt Fischer und haut Ratte auf die Schulter. „Wie im Film."

„Verdammte Soße", sagt Glatze und schiebt sich einen neuen Kaugummi in den Mund. „Ich hab keinen Bock mehr."

„He, was willst du?" Fischer hält Glatze am Ärmel fest.

Glatze macht sich los. „Lass mich in Ruhe. Ich hör auf."

„Mann, Mann, was ist los?", beharrt Fischer. „Bist du blöd, oder was? 'n bisschen Thrill, das ist doch …"

„Ich hab auch keinen Bock mehr", sagt Ratte plötzlich. „Mir reicht's." Aber er sagt es ziemlich leise, als wäre er sich nicht sicher.

„Ihr habt Schiss, das ist es", stellt Fischer verächtlich fest und wirft den Kopf in den Nacken. „Einfach Schiss und sonst gar nichts. Dabei fing es gerade an, gut zu werden."

„Halt die Klappe", sagt Glatze und seine Stimme klingt, als hätte er den Kaugummi verschluckt. Er packt

Fischer an der Lederjacke. „Wir sind völlig bekloppt, so sieht es aus! Scheiße, das bringt doch überhaupt nichts!"

„Ach nee, auf einmal. Bringt nichts, was?" Fischer wischt sich die Lederjacke ab, da, wo Glatzes Finger feuchte Abdrücke hinterlassen haben. Fischer ist ganz cool. „Und was willst du dann machen? Willst du vielleicht warten, dass einer kommt und dir sagt, was du machen sollst? Nee, das läuft nicht, da kommt keiner! Wir müssen schon selber was machen, sonst können wir uns gleich einsargen lassen, kapierst du?"

„Na und", sagt Glatze, „ist mir doch egal." Eine saublöde Antwort, das weiß er auch. Aber es hat keinen Zweck, irgendwas erklären zu wollen. Fischer würde es sowieso nicht verstehen.

Für einen Moment scheint Fischer allerdings verunsichert, dann blafft er Ratte an: „Sag du gefälligst auch mal was, Mann! Irgendwas müssen wir doch machen, um Spaß zu haben, stimmt doch, oder?"

Ratte reagiert, als wäre er darauf trainiert. „Ich weiß was", sagt er, „wir könnten sprayen gehen, unter der Autobahn. Da waren wir schon lange nicht mehr."

„Okay", meint Fischer und tätschelt Ratte die Wange. Brav, Kleiner, hast den Boss nicht im Stich gelassen. „Okay, gehen wir sprayen. Wer ist dran mit Farbe holen?"

„Immer der, der fragt", sagt Ratte.

Wenn der Kleine was gut gemacht hat, kann er ruhig frech werden. Der Boss mag das. Verdammt, denkt Glatze, es ist immer wieder das Gleiche. Aber egal, immer noch besser als gar nichts. Und bevor Fischer irgendwas antworten kann, sagt er: „Schon gut, ich gehe. Also, irgendwelche besonderen Wünsche?"

Fischer grinst. Er sagt kein Wort, muss er auch nicht. Das Spiel funktioniert.

„Alle Farben", meint Ratte, „alles, was du kriegen kannst."

„Okay", sagt Glatze, „ich gehe, kurz bevor sie zumachen. Da ist es schön voll."

„Der alte Trick?", fragt Ratte. Ein Spiel, nichts als ein Spiel.

„Genau", bestätigt Glatze und sieht auf seine Armbanduhr. „Dann bis zehn?"

„Um zehn unter der Brücke", nickt Ratte. Es war seine Idee. Auf Ratte kann man sich verlassen.

„He, wieso so spät?", regt sich Fischer auf. „Und was soll ich bis dahin machen?"

„Ist doch egal, was du machst", sagt Glatze. „Alles egal." Ganz cool.

Und Abgang. Die Hände in den Hosentaschen, lässig, wie einer, der weiß, wo es langgeht. Dabei ist es genau das, was er am allerwenigsten weiß. Sie spielen ein Spiel. Aber es ist nicht ihr Spiel. Als würde da irgendwo einer sitzen, der die Fäden in der Hand hält. Manchmal lässt er ein bisschen locker und schon weiß die Puppe mit der Glatze nicht weiter. Kriegt Panik, fragt sich, wozu das alles gut sein soll – aber weiß eben auch nichts Besseres. Schafft es nicht, einfach aufzuhören und abzuhauen. Hat Angst vor dem, was dann ist. Hat nicht die leiseste Ahnung, was überhaupt sein könnte. Und ist eigentlich immer froh, wenn die Fäden wieder straff gezogen werden. Wenn das Spiel weiterläuft, nach den ewig gleichen Regeln. „Ist doch egal, was du machst", sagt die eine Puppe zur anderen. „Alles egal."

Lola, Zettel Nr. 1

Montag, 12. Juli

Mein Herr Vater hat mir empfohlen, ein Tagebuch zu schreiben. Das wäre gut, um sich über allen möglichen Kram klar zu werden, hat er gesagt. Haha, ausgerechnet! Ich hab gesagt, dass es vielleicht gut wäre, wenn er erst mal selber ein Tagebuch schreibt, bei dem ganzen Mist, den er im Kopf hat! Vor allem, weil er immer denkt, er müsste mir irgendwelche Ratschläge geben, dabei kriegt er nicht mal seine eigenen Sachen auf die Reihe.
Kann ja sogar sein, dass er recht hat, aber das werde ich ihm bestimmt nicht sagen. Außerdem war ich schon selber drauf gekommen. Ich meine, in ein Tagebuch kannst du jedenfalls alles schreiben, was du willst – so, als ob du es deinem Hund erzählen würdest. Oder jemandem, der stumm ist und es deshalb nicht weitererzählen kann.
Aber was ist, wenn du irgendwas aufschreibst, was garantiert keiner wissen soll, und sobald du weg bist, holen sie es sich und lesen es? Weil sie es, wie immer, nicht ertragen können, wenn sie was nicht wissen? Das wär's dann: Sofort ginge wieder das Gelaber los. Warum und wieso und dass wir doch drüber reden können.
Wir können über alles reden, sagen sie immer, aber das ist Quatsch. Weil es Sachen gibt, da kann man eben nicht drüber reden. Und manchmal ist es auch so, dass man überhaupt nicht drüber reden muss.

Weil es nicht so wichtig ist oder sowieso egal.
Das Bescheuerte an einem Tagebuch ist außerdem, dass man JEDEN TAG was aufschreiben soll.
„War heute bei H&M und wollte ein Shirt klauen, war aber nichts, die Shirts sahen alle zum Kotzen aus.“
Was soll das? Das ist genauso wie mit den Nachrichten, jeden Tag eine Viertelstunde, egal was passiert ist. Auch wenn gar nichts passiert ist. Und wenn so viel war, dass man drei oder vier Stunden davon erzählen könnte, dauert es trotzdem nur eine Viertelstunde. Bescheuert!
Aber ich habe eine Idee, was ich mache. Ich schreibe nur das auf, was ich WICHTIG finde. Und wenn ich das mit den Shirts wichtig finde, kann ich es ja auch aufschreiben. Aber nicht in ein blödes Tagebuch: Ich nehme irgendwelche Zettel und hänge sie bei mir an die Wand, sodass sie jeder sehen kann.
Das hier ist Zettel Nr. 1. Ihr könnt ihn ruhig lesen! Vielleicht kapiert ihr ja dann auch mal was. Obwohl ich das nicht glaube, aber es ist mir auch egal. Es ist nämlich für mich.

Lola, Zettel Nr. 2

Das mit dem Datum ist Quatsch. Montag, 12. Juli, Dienstag, 13. Juli und so weiter. Blödsinn. Es spielt doch gar keine Rolle, wann was war oder wann wer was gesagt hat! Wichtig ist doch nur, WAS ich wichtig finde.
Irgendwann hab ich dann eine ganze Wand voll mit Zetteln, total durcheinander, das muss geil aussehen. Und wenn ich will, kann ich einfach draufgucken und sehe, was mich alles interessiert hat, egal wann.
Ich sammle Ideen, Gedanken und so. Vielleicht auch Erinnerungen und Träume. Eine ganze Wand voll.

2.

Glatze. Später am Nachmittag, ein paar Straßen weiter. Gegenüber ist der Baumarkt.

Auto auf Auto zischt an Glatze vorbei. Feierabendverkehr. Glatze schiebt die Hände in die Hosentaschen und latscht einfach los, auf die Fahrbahn. Der erste Wagen kann gerade noch ausweichen, dann Hupen, Bremsenquietschen, Autos kommen schlingernd zum Stehen. Es stinkt nach verbranntem Gummi. Glatze geht weiter, als wäre nichts.

Ein Autofahrer springt aus seinem Wagen und schreit hinter Glatze her. Glatze dreht sich um und zeigt ihm den ausgestreckten Mittelfinger.

Als er drüben ist und mit der Hand an sein T-Shirt kommt, merkt er, dass er klatschnass geschwitzt ist. Im nächsten Moment fängt er an zu zittern. Auch der Kopfschmerz ist wieder da und frisst sich bohrend in seinen Schädel. Scheiß Thrill!

Dann steht Lola vor ihm. „Tickst du nicht mehr ganz richtig?“, schreit sie und ihre Stimme überschlägt sich. „Bist du lebensmüde, oder was?“

Lola aus dem Nachbarhaus, mit der er zusammen in der Grundschule war und die bei jedem Kindergeburtstag Kuchenwettessen machen wollte. Lola, die inzwischen wirklich scharf aussieht. Vor allem, seit sie immer in diesem Minirock rumläuft. Lola, die seit einiger Zeit so tut, als gäbe es ihn überhaupt nicht.

Aber jetzt steht sie vor ihm und schreit.

„Wieso?“, sagt Glatze und schiebt wieder die Hände in die Hosentaschen. „Und wenn schon, kann dir ja egal sein“, setzt er hinzu. „Ist doch mein Leben, oder?“ Damit lässt er Lola stehen. Ganz cool.

Was glaubt sie eigentlich, wer sie ist? Geht sie doch nichts an, was er macht! Muss ja nicht gleich so tun, als wäre sie seine Mutter.

Aber sie hat Schiss um ihn gehabt! Hat sie ihn überhaupt erkannt?

Blöde Frage. Natürlich hat sie ihn erkannt. Glatze fährt sich mit der Hand über den Kopf. Alles Quatsch. Sie interessiert sich überhaupt nicht für *ihn*. Nicht wirklich jedenfalls. Sie hat sich nur erschreckt, das ist alles. Hätte sie bei jedem anderen genauso.

Glatze sieht sich noch mal um. Lola ist verschwunden. Wütend drängt er sich zwischen parkenden Autos und Einkaufswagen durch, lässt den Außenspiegel eines Mercedes zurückflappen. Dann greift er zu, ohne nachzudenken, eine kurze Drehung, ein Ruck und er hält den Stern in der Hand.

Natürlich hat ihn einer gesehen dabei. Der macht ihn auch schon an, Polizei und so, irgendein alter Knacker, der bestimmt *keinen* Mercedes hat, sondern von Katzenfutter leben muss, weil die Rente nicht reicht. Aber kapieren tut er trotzdem nichts. Jetzt will er Glatze auch noch festhalten, aber Glatze ist stärker. Er schiebt sich ganz dicht an das Altmännergesicht ran und knurrt: „Hau ab, Alter!“

Und dann drückt er ihm den Stern in die Hand, als wäre es eine goldene Uhr. „Hier, für dich, kauf dir was dafür“, sagt er und verpasst dem Alten einen Stoß vor die Brust, dass er zurücktorkelt und sich glatt auf die Kühlerhaube von dem Benz setzt. Dabei klappt er den Mund auf und zu wie ein Fisch auf dem Trockenen und starrt auf den Stern in seiner Hand.

Ohne es zu wollen, muss Glatze grinsen. „Idiot“, murmelt er und weiß nicht so recht, wen er eigentlich meint, den Alten oder sich selber. Egal. Ganz egal.

Lola, Zettel Nr. 3

Ich habe heute den Christian Berger gesehen. Ist natürlich Unsinn, ich sehe ihn fast jeden Tag, aber heute war es anders. Er ist einfach über die Straße gelaufen, mitten durch die Autos, als wäre er blind und taub. Oder als wäre das gar nicht er, der da rüberlatscht. Ich hab mich voll erschreckt, als ich das gesehen habe, und deshalb bin ich auch hin und hab ihn angeschrien. Aber er hat bloß blöd geguckt. Und dann hat er zurückgeschrien, dass es mich nichts angeht, was er macht.
Kann sein. Soll er sich doch überfahren lassen, ist ja nicht mein Problem.

Lola, Zettel Nr. 4

Mein Lieblings-T-Shirt ist hin! Das, wo draufsteht: „Have nothing to wear".
Ich hab es so oft angehabt, dass es vom vielen Waschen total dünn geworden ist, und jetzt ist es hinten eingerissen. Aber ich werfe es nicht weg. Vielleicht kann ich ja noch irgendwas damit machen. In einen Bilderrahmen hängen oder so. Mal sehen.
Ich muss unbedingt versuchen, noch mal so eins zu kriegen.

Lola, Zettel Nr. 5

Ferien sind zum Kotzen. Heute ist erst der zweite Tag und ich bin schon total genervt. Wenn Schule ist, wünscht man sich die ganze Zeit, dass endlich Ferien sind, und dann hängst du doch nur rum und weißt nicht, was du machen sollst – verrückt!
Wenn wir wenigstens wegfahren würden. Egal wohin, nur weg. Aber mein Vater kann nicht, obwohl ich glaube, er würde auch gerne abhauen. Und meine Mutter sowieso. Aber mein Vater hat gesagt, wenn er jetzt Urlaub nimmt, dann weiß er nicht, ob es seinen Job hinterher noch gibt. Oder ob nicht ein anderer auf seinem Platz sitzt. Wie in einem schlechten Film, wo einer morgens zur Arbeit will und die Möbelpacker tragen gerade seinen Schreibtisch raus.
Aber ist schon klar, warum mein Alter Angst hat. Manchmal riskiert er eine ganz schön große Klappe und regt sich auf. Weil er noch nicht so total abgestumpft ist wie die meisten. Natürlich ist es einfacher, das Maul zu halten. Aber ich finde es gut, dass er das nicht macht.

Lola, Zettel Nr. 6

Ich wäre gerne am Meer. Ich würde auch gerne am Meer wohnen und jeden Tag am Strand langlaufen und gucken, was angespült worden ist. Oder einfach nur laut singen. Lauter als die Brandung.
Ich war mal mit meiner Mutter am Meer, in einem winzigen Zimmer unterm Dach. Und nachts hat der Wind an der Dachluke gerüttelt. Aber da war ich noch klein.

Lola, Zettel Nr. 7

Meine Mutter hat mir ein Hoodie mitgebracht. Erst habe ich mich geärgert, sie soll mir nichts mitbringen. Normalerweise ziehe ich es sowieso nicht an, weil wir einen total verschiedenen Geschmack haben. Aber das Teil ist nicht schlecht. Lila mit schwarzen Streifen. Oder schwarz mit lila Streifen. Es wird bestimmt gut aussehen, vor allem, wenn ich es zu meiner alten Jeans und den Chucks mit den Kirschen drauf trage.

3.

Ratte und Fischer. Ziemlich spät, unter der Autobahnbrücke.

Es wird langsam dunkel. Flackernd springt eine Reihe gelber Leuchtstoffröhren an. Ratte lehnt an einem Betonpfeiler, Fischer schnipst eine halb gerauchte Zigarette in hohem Bogen auf die Fahrbahn neben ihnen. Über ihren Köpfen dröhnen die LKWs, dumpf rollende Lärmwellen in endloser Folge.

„Wie Panzer“, schreit Fischer zu Ratte rüber. „Stell dir vor, es ist Krieg … Mann, Panzer, die müssen mindestens 50 Meter Abstand halten, sonst kracht die Brücke ein!“

Ratte zuckt mit den Schultern, verlagert sein Gewicht vom linken Bein aufs rechte und kümmert sich nicht weiter um Fischer.

„Da, ein Porsche!“, schreit Fischer jetzt und zeigt nach oben. „Hast du nicht gehört? Hör ich sofort. Hatte mindestens 200 drauf. Wroooom, ein Carrera, den hör ich unter tausend Autos raus, erkenne ich sofort!“

Ein Radfahrer taucht auf, wie ein Schatten vor der Kulisse der Hochhäuser. Ratte und Fischer zwischen den Pfeilern sieht er erst, als er schon unter der Brücke ist.

„Mach Licht an, du Penner!“, schreit Fischer und springt genau vor ihm auf den Radweg.

Der Radfahrer reißt den Lenker herum, streift mit dem Arm an der Wand lang, fängt sich wieder.

„Gib Gas, du Idiot!“, schreit Fischer. „Ich bin hinter dir, ich krieg dich, Lichthupe, wroooom!“

Ratte stößt sich vom Pfeiler ab. „Komm runter, Mann, was soll das? Wenn der die Bullen holt, sind wir geliefert.“

„Haha", macht Fischer, „warum soll er die Bullen holen? Ist doch nichts gewesen. Wir stehen hier nur so rum. Ist doch nicht verboten. Aber ohne Licht fahren, das ist verboten!"

In diesem Augenblick kommt Glatze, er schlenkert eine Plastiktüte in der linken Hand.

„Bist du blöd, Mann?", tobt Fischer sofort los. „Pack die Tüte weg, oder willst du, dass sie uns hochnehmen?!"

„Er tickt nicht mehr richtig", sagt Ratte mit einer flüchtigen Kopfbewegung zu Fischer. „Los, zeig her, was für Farben hast du?"

Glatze holt ein paar Spraydosen aus der Tüte.

„Hast du kein Blau?", fragt Ratte. „Mist, aber der Rest ist gut. Wo hast du den Kram her?"

„Baumarkt", sagt Glatze, „wie meistens." Er zuckt mit den Schultern, cool, und sagt wie beiläufig: „Aber sie haben einen neuen Typen da. Hätte ich fast nicht gemerkt. So ein Großer mit Overall. Sieht aus wie ein Handwerker. Stand die ganze Zeit auf der anderen Seite vom Regal."

„Geil", meint Fischer. „Und?"

„Nichts und", sagt Glatze.

„Sag ich doch." Ratte grinst. „Der alte Trick. Funktioniert immer. Wenn du eine Stinkbombe schmeißt, sind sie fertig. Bei mir hat letztes Mal einer gekotzt, voll über die Autoradios …"

„Kennen wir, hast du schon erzählt", ruft Fischer dazwischen und schnappt sich eine Spraydose. „Los, Leute, fangen wir endlich an!"

„Warte", sagt Glatze. „Hier, ich hab auch gleich noch eine Zeitung geklaut. Passt irgendwie." Er zeigt auf die erste Seite. „Sie haben 200 000 Euro lockergemacht, die Stadt, das müsst ihr euch mal vorstellen! *Zur Beseitigung von Wandschmierereien!* Die sind doch angeblich pleite. Aber 200 000 Euro für nichts!"

„In Amerika haben sie jetzt Hubschrauber, um Jagd auf Sprayer zu machen", sagt Ratte. „Irgendwie so mit Sensoren, die auf das Klackern der Dosen reagieren."

„Na und?", meint Fischer. „Mir doch egal." Mit einem abgebrochenen Schraubenzieher hebelt er die Kappe seiner Spraydose nach oben, dann hält er die Dose mit ausgestrecktem Arm von sich und rast im Sprühnebel zwischen den Betonpfeilern hin und her. „Porsche, 450 PS, 320 Spitze, wroooom, ich mach sie alle fertig!"

Verrückt, denkt Glatze. Es ist immer das Gleiche. Bloß nicht darüber nachdenken. Es ist ein Spiel, mehr nicht.

Aber als Fischer wieder reifenquietschend an ihm vorbeikommt, reißt er ihm die Spraydose aus der Hand. „Mann, hör auf damit." Er hält die Dose kopfüber und sprüht sorgfältig die Düse frei.

„He", sagt Fischer plötzlich ganz ruhig. „Ist doch egal. Ist doch völlig egal, Mann. Kapierst du nicht? Wenn du einen Porsche hast, kannst du auch Frauen haben wie blöd. Was willst du mehr?"

„Verdammte Soße", sagt Glatze, „ich brauche keine Frauen."

„Ich schon", sagt Fischer. „Erst einen Porsche und dann die Frauen."

„Und wozu?", fragt Glatze und ärgert sich, weil er plötzlich Lola vor sich sieht, wie sie mit ihrem Minirock vor ihm gestanden und ihn angeschrien hat.

„Dazu", sagt Fischer. „Weil es geil ist."

Ratte hat sich inzwischen eine andere Dose genommen und fängt an zu sprühen.

„Okay", sagt Glatze und ist ganz froh, das Thema wechseln zu können. „Sollen sie was zu tun kriegen für ihre 200 000 Euro. Ich nehme mir die Pfeiler vor."

„Okay", sagt jetzt auch Fischer und grinst. „Machen wir sie fertig."

Sie sprühen. Fischer und Ratte arbeiten zusammen. Ratte mit zusammengekniffenen Augenbrauen, voll konzentriert. Er sprüht einen Typen mit Baseballcap, den Schirm nach hinten gedreht, das Gesicht zu einer Grimasse verzerrt, in der Hand eine überdimensionale Spraydose, direkt auf den Betrachter gerichtet.

Ratte sprüht immer das Gleiche, der halbe Stadtteil ist schon voll mit dem Baseballkappen-Sprayer. „Mister D.", wie Fischer sagt, „D. wie Death." Mit großer Präzision füllt Fischer die von Ratte vorgegebenen Konturen: grellrot die Mütze, die Augen grünlich unterlaufen, schwarz die Spraydose.

Glatze ist inzwischen beim vierten Pfeiler angelangt: *MEHR BETON!* fordern hinter ihm bereits dreifach die sorgfältig gemalten Großbuchstaben im Halbdunkel der Unterführung. Vier Pfeiler hat er noch vor sich. Auf jeden Pfeiler dasselbe, das muss geil aussehen, wenn man daran vorbeifährt: flapflapflapflap, *MEHR BETONBETONBETONBETON*. Glatze grinst.

Plötzlich zischt Ratte: „Auto!", und stößt einen gellenden Pfiff aus. Reflexartig greift sich Glatze die Plastiktüte und rennt geduckt hinter Ratte her. Gleichzeitig verschwindet Fischer als lautloser Schatten zur anderen Straßenseite rüber, zu den Stufen, die zum Notausgang in der Lärmschutzwand führen. Ihr Fluchtplan ist perfekt: den Feind verwirren, nie alle zusammenbleiben.

An der gegenüberliegenden Treppe bleibt Glatze in einen Winkel gedrückt neben Ratte stehen. Wenn der Wagen nicht anhält, sind sie hier sicher.

„Der biegt ab", flüstert Ratte. „Der will auf die Autobahn hoch."

„Will er nicht", widerspricht Glatze. „Der kommt."

„Wieso fährt er dann so langsam?", fragt Ratte, aber im gleichen Augenblick hat er kapiert. „Verdammt, das sind die Bullen! Zivilstreife!" Er hetzt vor Glatze die Treppe hoch.

Einen Moment noch steht Glatze wie festgewachsen da, jetzt hält der Wagen, Glatze stürzt hinter Ratte her, immer zwei Stufen auf einmal. Ratte drückt die Tür zur Autobahn auf, dann sind sie auf der anderen Seite der Schutzwand. Vor ihnen ist die Leitplanke, die Motoren dröhnen ohrenbetäubend, mit jedem Fahrzeug zerrt der Luftzug an ihren Klamotten und will sie mit sich reißen.

„Weiter!", brüllt Ratte und hastet dicht an der Mauer entlang, den vorbeijagenden Scheinwerfern entgegen.

Glatze ist direkt hinter ihm, seine Beine fühlen sich an wie aus Gummi, mit jedem Atemzug füllt ihm Abgasgestank die Lunge. „Geil!", hört er hinter sich jemanden schreien. „Voll geil!" Fischer drängt sich an ihm vorbei, läuft jetzt zwischen ihm und Ratte, reißt immer wieder die Arme hoch wie ein Läufer auf der Ziellinie. „Geil!"

Dann erreichen sie den nächsten Notausgang, keuchend stehen sie vornübergebeugt auf einer anderen Treppe an einer anderen Böschung. Über ihnen dröhnt der Verkehr, hinter der Schutzwand. Sie grinsen sich an, klatschen lachend die Handflächen gegeneinander – Glatze und Ratte, Ratte und Fischer, Fischer und Glatze, wie im Film.

Für einen Moment fühlt sich Glatze richtig gut. Sie haben es geschafft, sie haben alle ausgetrickst. Ihnen kann keiner was!

„Mann“, sagt da Ratte plötzlich ganz ernst, „da kannst du echt die Panik kriegen, hier die Wand und nur so ein Stück Leitplanke, und dann …“

„Das ist es!“ Fischer fuchtelt vor Aufregung mit den Händen in der Luft rum. „Ich weiß überhaupt nicht, wieso wir nicht schon eher draufgekommen sind. Stell dir vor, quer rüber über die Autobahn, nachts, bei Regen, bis zum Mittelstreifen, kurze Pause, und weiter. Das ist es, Mann, dagegen ist alles andere Kindergarten!“

„Echter Selbstmord“, sagt Ratte. „Ohne mich.“

„Du brauchst ja nicht mitzumachen, wenn du nicht willst“, blafft Fischer. „Feigling. Ich mach es jedenfalls.“

„Du tickst nicht mehr richtig“, sagt Ratte noch mal und sucht dabei Glatzes Blick. „Das ist das Problem.“

„Na und?“, sagt Glatze. „Ist doch egal. Wir ticken alle nicht mehr richtig.“ Er dreht sich um und geht. Er ist wütend auf sich selbst. Weil er das Maul nicht aufkriegt. Weil er immer geht, wenn er nicht weiterweiß.

Ratte steht einen Moment unschlüssig da, dann zuckt er mit den Schultern und verschwindet hinter Glatze in der Dunkelheit.

„Ich mach es!“, schreit Fischer hinter ihnen her. „Action! Den Kick kriegen, das ist es!“

Lola, Zettel Nr. 8

Ich glaube, wenn ich mein Vater wäre, würde ich trotzdem in den Urlaub fahren. Auch wenn sie mich dann hinterher rausschmeißen. Man kann doch nicht immer nur daran denken, dass man Geld ranschaffen muss!
Vielleicht könnten wir ja dann auch ganz woanders hingehen. Einfach nur weg. Hier ist sowieso fast alles zum Kotzen.

Lola, Zettel Nr. 9

Im Fernsehen hab ich einen Film gesehen: „Million Dollar Baby". Von einer Frau, die unbedingt boxen will. Weil sie glaubt, dass sie gut ist und dass sie es schaffen kann. Und die alles dafür tut, dass ihr Traum Wirklichkeit wird. Ohne sich darum zu kümmern, was die anderen dazu sagen.
Okay, der Schluss war vielleicht ein bisschen blöd, weil sie dann gelähmt war und so, aber egal.
Es geht darum, an seine eigenen Träume zu glauben. Sich vorzustellen, wie irgendwas sein könnte. Und sich sicher zu sein, dass man es schaffen kann, wenn man nur fest genug daran glaubt.

Lola, Zettel Nr. 10

Bester Film:
MILLION DOLLAR BABY!

Lola, Zettel Nr. 11

Lydia hat mir eine Karte geschickt. Aus La Palma. Ich bin total neidisch, obwohl sie schreibt, dass es ätzend ist. Die ganze Zeit mit ihren Eltern und volles Programm: jeden Tag irgendwas angucken und abends Party am Pool. Und nur doofe Typen, die einem die ganze Zeit auf den Hintern starren. Aber wenigstens muss sie nicht hier rumhängen!
Allerdings hätte ich nicht gerade Bock auf La Palma. Und auf all inclusive sowieso nicht. Jeder mit so einem bescheuerten Bändchen am Handgelenk, wie eine Herde Kühe, die dumpf glotzend nur auf die nächste Fütterung wartet!
Bin gespannt, ob Sophie auch noch schreibt. Sie ist in der Bretagne, in irgendeinem Ort, wo es von Kitesurfern nur so wimmeln soll. Sophie hat gesagt, wenn sie ihre Eltern rumkriegt, macht sie selber auch einen Kurs. Ich glaube nicht, dass sie mir schreibt.

4.

Glatze und Ratte. Wenig später, auf dem Fußweg unterhalb der Böschung.

„Fischer tickt manchmal nicht richtig“, sagt Ratte. „Weißt du doch.“ Er sagt es so, als müsste er sich für Fischer entschuldigen. „Klar, er ist bescheuert, aber irgendwo hat er auch recht. Bloß sprayen, das bringt es doch echt nicht. Obwohl, hast du gesehen, ist mir echt gut gelungen diesmal. Ich meine, Mister D. sieht wirklich aus, als würde er dir gleich ins Gesicht sprühen, das musst du zugeben. Ich glaube, so gut ist er mir noch nie gelungen, was meinst du …“

Ratte redet und redet, und Glatze gibt keine Antwort. Er denkt an was ganz anderes, wäre am liebsten weit weg, am Meer vielleicht, und er stellt sich vor, das Dröhnen der Autobahn wäre die Brandung.

„Du hörst ja überhaupt nicht zu“, beschwert sich Ratte.

„Wie?“, fragt Glatze. „Was hast du gesagt?“

„Klar“, macht Ratte schon wieder weiter, „heute Mittag hatte ich schon Schiss. Ich meine, als der BMW auf mich draufgehalten hat. Und dann eben, auf der Autobahn. Voll die Panik. Weiß auch nicht, wieso. Aber ich bin schon wieder runter. Kein Problem. Was meinst du eigentlich, hat Fischer nie Panik, oder was?“

„Darum geht es nicht“, hört sich Glatze sagen. „Du kannst genauso gut vom Hochhaus springen oder so. Solange wir nicht wissen, wozu wir was machen, ist alles egal.“

„Ich weiß nicht“, sagt Ratte. „Ich finde, du denkst zu viel. Und wenn du zu viel denkst, wirst du langsam weich in der Birne. Nachdenken bringt es irgendwie nicht.“

Glatze verdreht die Augen. Hätte er bloß nichts gesagt! Es hat keinen Zweck. Er muss sehen, wie er alleine klarkommt.

„He“, sagt Ratte, „was ist los mit dir? Hast du schlechte Laune oder was? Oder willst du irgendwie rumnerven?“

„Ich will alleine sein“, sagt Glatze.

„Oh Mann“, stöhnt Ratte, „leck mich doch.“

Aber Glatze hört nicht mehr hin, er tut einfach so, als wäre Ratte nicht da, und denkt die ganze Zeit: Nun hau schon ab, Mann, lass mich in Ruhe! Bis er aus den Augenwinkeln sieht, dass Ratte sich an die Stirn tippt und tatsächlich abdreht, quer über die Wiese zu den Hochhäusern. Endlich, denkt Glatze und ist auf einmal furchtbar müde. Er muss zwei-, dreimal hintereinander gähnen und verrenkt sich fast den Unterkiefer dabei. Aber er will noch nicht nach Hause und pennen. Irgendwas muss er noch machen. Und so alleine in der Nacht, das ist irgendwie auch ein gutes Gefühl.

Glatze muss wieder an Lola denken. Wie sie heute plötzlich vor ihm stand. Er versucht sich an ihr Gesicht zu erinnern. Die scharfe Falte zwischen ihren Augenbrauen, als sie ihn angeschrien hat. „Egal“, sagt Glatze laut zu sich selbst. „Blöde Zicke.“

Er tastet nach der Spraydose unter seiner Jacke. Bis zur Unterführung ist es nicht mehr weit. Kein Mensch ist unterwegs. Auch die Bullen werden längst zu Hause sein. Oder sie hängen auf der Wache rum und gucken Fernsehen. *Cobra 11* wahrscheinlich, vielleicht auch einen Porno. Tja, da muss Glatze wohl ohne sie klarkommen.

Glatze als Undercoveragent, einsamer Held, Spion, Gangsterboss auf dem Weg zur Geldübergabe. Seine

Turnschuhe machen kein Geräusch. Lautlos nähert er sich der Unterführung, blickt sich noch einmal um, dann tritt er auf die Straße. Er fühlt sich stark, alleine und stark. Er hält die Spraydose jetzt wie eine Knarre, entsichert, scheppernd rollt der Deckel über die Fahrbahn. Gelbes Licht hüllt ihn ein. Von ihm hängt es ab und von niemand sonst, er muss diesen Job erledigen …

MEHR BETON! Das ist es, immer wieder: *MEHR BETON!* Haut voll rein, denkt Glatze und malt sich aus, wie sie am nächsten Morgen gucken werden, aus dem Bus raus, auf dem Weg zur Arbeit.

Drei Pfeiler noch, also los. Glatze nimmt die Spraydose hoch, steht einen Moment nur so da, den Finger auf dem Ventil, und weiß genau, was er sprühen will, aber er steht und starrt auf den graufleckigen Beton vor sich. Und dann, auf einmal, ohne dass ihm richtig klar ist, was er da macht, sprüht er einen Namen: *LOLA*. Und weiter zum nächsten Pfeiler: *UND*. Buchstabe auf Buchstabe wie in Trance. Und auf den letzten Pfeiler: *GLATZE*. Bekloppt, denkt Glatze, völlig bescheuert, kaum dass er den letzten Buchstaben gesprüht hat. Aber egal, er lässt es stehen. Mal sehen, was passiert. *LOLA UND GLATZE*, Ausrufezeichen!

Und plötzlich fühlt sich Glatze total gut, wie high, er fängt sogar an zu singen: „Do you want to go to the seaside, I fell in love at the seaside …“ The Kooks. Glatze singt grässlich falsch. Und er kann sich auch nicht so richtig an den Text erinnern, aber was soll's.

Lola, Zettel Nr. 12

Ich hab zu meiner Mutter gesagt: „Kannst du mir eine Antwort auf diese Frage geben?“
Sie hat es nicht kapiert. Klar, gibt ja auch nichts zu kapieren, ist einfach nur Quatsch. Aber ich finde, sie hätte wenigstens darüber lachen können.

5.

Glatze. In seinem Zimmer, spät in der Nacht.

Glatze schläft nicht. Er kann nicht schlafen. Die Hochstimmung von vorhin ist lange vorbei. Er wirft sich unruhig hin und her, Gedankenfetzen jagen ihm durch den Kopf, überstürzen sich, wirre Bilder, manche nur für Bruchteile von Sekunden: die Panik, die er hatte, als er dachte, der BMW würde Ratte erwischen, die Autos auf der anderen Seite der Leitplanke, Fischer mit der Spraydose in der Hand, Lola. Lolas Gesicht in Großaufnahme, ihre Haare, ihre Augen, ihr Mund. LOLA UND GLATZE!

Glatze blickt auf die Leuchtanzeige des Radioweckers. Zehn nach zwei. Im Flur hört er seinen Vater, das Tapsen seiner nackten Füße auf den Steinfliesen, dann die Tür zum Badezimmer. Gleich darauf ein Strahl wie ein Wasserfall. Typisch, denkt Glatze, der Alte macht mal wieder Lärm für zehn. Die Wasserspülung rauscht, Klodeckel, Tür, Lichtschalter, nackte Füße auf kalten Fliesen kommen zu Glatzes Zimmer herübergetappt. Langsam bewegt sich die Türklinke nach unten.

Glatze liegt stocksteif da, die Augen zu schmalen Schlitzen zusammengekniffen. Im matten Licht der Straßenbeleuchtung sieht das Gesicht seines Vaters für einen kurzen Moment aus wie eine verschwommene Maske. Ein schwacher Dunst von Alkohol und Zigarettenqualm zieht durchs Zimmer, dann ist der Vater wieder verschwunden. Glatze fragt sich, wie es seine Mutter überhaupt mit dem Alten aushält. Gar nicht, das weiß er ja, sie führen es ihm ja jeden Tag aufs Neue vor. Sein Vater kommt immer später aus der Praxis nach oben, seine Mutter geht, wenn er kommt. Und die Whiskeyflasche im Wohnzimmer wird spätestens alle zwei Tage durch eine neue ersetzt. Glatze weiß nicht, warum sie sich nicht längst getrennt haben, aber manchmal hat er den Verdacht, dass sie ihren ständigen Streit und ihre Nervereien brauchen wie andere die Luft zum Atmen.

Als Glatzes Vater vor einigen Jahren die Praxis aufgemacht hat, war alles super. Sie haben den Riesenschuppen hier gekauft, drei Etagen, eine vermietet, unten die Praxis, oben wohnen sie. Im Sommer sind sie nach Florida geflogen, mindestens einmal in der Woche sind sie richtig wichtig essen gewesen und abends hat ihn sein Vater mit runter in die Praxis genommen und zufrieden eine Zigarette nach der anderen gequalmt, während er die Röntgenbilder seiner lungenkranken Patienten studiert hat.

„Ich weiß, dass ich keinen Krebs kriege", hat er Glatze immer erzählt. „Ich muss nur mit der Qualmerei aufhören, wenn ich vierzig bin. Dann erholt sich der Körper von alleine."

Jetzt ist er weit über vierzig und qualmt mehr denn je. Und Glatze weiß, dass er schon morgens vor der Sprechstunde sein erstes Glas Whiskey kippt.

Fast halb drei. Glatze kann immer noch nicht schlafen. Er zählt langsam bis hundert und dann noch mal, aber es hilft nichts. Er ist hellwach und seine Gedanken drehen sich im Kreis.

Die Praxis läuft nicht schlecht, auch das weiß Glatze. Und Geld haben sie genug, sein Vater hat sich gerade erst wieder einen neuen Saab gekauft, Cabrio, mit allem

Firlefanz, hat ein Vermögen gekostet. Und seine Mutter hat einen Mini gekriegt. Scharfes Teil. Fährt wie auf Schienen um die Kurve. Aber trotzdem, so stimmt das nicht. Gar nichts stimmt.

Glatze hört seine Mutter husten. Klingt nicht gut, denkt er, und das geht jetzt schon seit Wochen so. Mitten in der Nacht kriegt sie ihren Anfall und sein Vater liegt daneben und pennt. Verdammt, denkt Glatze, was gehen mich die Probleme von meinen Alten an? Sein Vater ist schließlich der Arzt und seine Mutter ist alt genug, um auf sich selber aufzupassen.

Glatzes Mutter war früher Schauspielerin. Sein Vater behauptet, sie wäre nicht so besonders gut gewesen. Aber sie haben noch ein paar Fotos: Glatzes Mutter als Irma la Douce, echt scharf. Glaubt man überhaupt nicht, dass das seine Mutter ist! Dann hat sie allerdings mit dem Theaterspielen aufgehört und bei Glatzes Vater als Sprechstundenhilfe gearbeitet. „Nur bis der Laden in Schwung kommt", hat sein Vater damals gesagt, und alle fanden das auch völlig logisch. Nur ist danach vom Theater auch nie mehr die Rede gewesen.

Und dann hat es irgendwann richtig geknallt. Seine Mutter hat von einem Tag auf den anderen in der Praxis aufgehört und Gesangsstunden genommen. „Weil ich etwas brauche, was *mich* interessiert", hat sie zu Glatzes Vater gesagt, und der ist fast durchgedreht. Aber besser scheint es ihr deshalb auch nicht zu gehen. Eher im Gegenteil.

Jetzt singt sie jedenfalls in einem A-cappella-Chor, zusammen mit vier anderen Frauen. Irgendwelche lahmen Songs von den Beatles und so was. Auf irgendwelchen Geburtstagsfeiern, für Leute, die vierzig werden. Oder fünfzig. Oder sechzig.

Sein Vater sagt gar nichts mehr dazu. Er verdreht nur noch die Augen, wenn Glatzes Mutter von ihren Auftritten erzählt. Und seine Mutter geht einfach raus, wenn Glatzes Vater über die Arbeit in der Praxis rumjammern will. Das Einzige, worüber sie überhaupt noch miteinander reden, ist er, Glatze.

Aber sie reden nicht *mit* ihm, sondern *über* ihn, als wäre er gar nicht da. Zum Beispiel in Sachen Schule. Irgendwann mal wollte Glatzes Vater unbedingt, dass sein Prachtsohn auf eine „Hochbegabten-Schule" kommt. So mit Internat und allem. Glatze hatte keine Ahnung, ob er aufs Internat wollte oder nicht. Aber sie haben ihn auch gar nicht erst gefragt, sondern seine Mutter hat sofort Front gegen den Alten gemacht und gesagt, dass sie nicht will, dass sein Vater über ihn bestimmt. So wie über sie. Und so ist es immer gewesen. Sie haben ihn gut gebrauchen können für ihren miesen kleinen Krieg.

Glatze merkt, wie er wütend wird. Nicht über seine Eltern, sondern über sich. Weil er sich schon wieder so verflucht leidtut. Um kurz vor drei, mitten in der Nacht, während andere selig schlafen.

Er weiß nicht mehr, wie viele Nächte er damals wach gelegen hat, als die Sache mit seinen Haaren passiert ist. Erst sind nur ein paar Büschel ausgefallen, dann hatte er plötzlich eine kahle Stelle und irgendwann gar keine Haare mehr. Nirgends. *Alopecia areata universalis.* Kann durch Zinkmangel kommen. Oder durch Stress. Kann auch wieder weggehen, aber keiner weiß, wann. Auch Glatzes Vater nicht, obwohl er natürlich rumtelefoniert hat wie blöde und Glatze immer wieder zu irgendwelchen Kollegen geschickt hat. Aber es hat alles nichts genützt, die Glatze ist geblieben.

Klar haben sich seine Eltern dann eine Zeit lang ziemlich heftig um ihn gekümmert, haben manchmal sogar vergessen sich zu streiten. Nur bekam Glatze irgendwann das ungute Gefühl, dass es seinem Vater dabei hauptsächlich um sich selbst ging. Dass es ihm peinlich war, einen Sohn zu haben, mit dem was nicht stimmte – so als Arzt. Schlecht fürs Image. Und später wollte dann Glatze nicht mehr, dass sie immer weiter über seine „Krankheit" redeten. Es ist *sein* Problem, also muss *er* auch damit klarkommen.

In der Schule, im Bus, auf der Straße, wenn sie ihn anstarren – inzwischen genießt er es manchmal sogar ein bisschen. Wenn sie nicht wissen, was sie von ihm halten sollen, weil er wie der letzte Neonazi aussieht, und wenn sie Schiss vor ihm haben.

Aber trotzdem, was heißt das unterm Strich? Eigentlich ist Christian Berger, genannt Glatze, nichts als ein Loser. Ein verdammter Loser, der keine Ahnung hat, was werden soll! Der keinen Bock hat auf seine Eltern und keinen Bock auf die Schule und keinen Bock auf gar nichts! Der mit Ratte und Fischer rumhängt und nicht weiß, wie er die Zeit totschlagen soll.

Zwanzig nach drei. Jetzt liegt er schon seit über einer Stunde hier rum und wirft sich von einer Seite auf die andere. Und wozu? Glatze hält den ausgestreckten Arm vor sich und versucht seinen Zeigefinger zu fixieren. Er kneift das rechte Auge zu: Der Zeigefinger ist genau vor der Zimmertür. Jetzt das linke Auge: Der Zeigefinger springt rüber auf die Wand. Und zurück. Und wieder hin. Und her. Und hin.

Ratte und Fischer sind seine Freunde, seine einzigen Freunde. Früher dachte er, mit Ratte und Fischer könnte er alles machen. Und über alles reden. Drei Freunde gegen den Rest der Welt. Alle für einen und einer für alle. Aber er merkt langsam, dass das nicht stimmt. Okay, sie kennen sich schon seit Ewigkeiten. Und sie sind zufällig auf derselben Schule und zufällig in derselben Klasse und sie wohnen auch in derselben Gegend. Aber eigentlich hängen sie nur deshalb jeden Tag zusammen rum, weil keiner von ihnen weiß, was er sonst machen soll. Und irgendwann werden sie sich vielleicht überhaupt nichts mehr zu sagen haben und das war's dann. Ist ja jetzt schon fast so. Fischer nervt jeden Tag mehr. Und Ratte? Ratte macht nur mit. Läuft hinter ihnen her wie ein kleiner Hund. Nein, sie machen alle drei nur mit – in irgendeinem Scheißspiel!

Glatze sieht wieder auf die Uhr. Zwanzig vor vier. LOLA UND GLATZE. Warum muss er nur seit heute Mittag andauernd an Lola denken? Sie hat Angst um ihn gehabt. Na und? Fischer sagt, eine Frau kriegt man nur, wenn man total cool ist. Wenn man einen dicken Wagen hat und Kohle ohne Ende. Wenn man ein Typ ist. Fischer hat jeden Tag was anderes an. Mal rennt er rum wie Pete Doherty und dann wieder wie Campino. Oder er macht einen auf Gothic. Aber er hat trotzdem keine Freundin. Oder vielleicht gerade deshalb. Muss ja auch ziemlich nerven, wenn du heute mit Campino weggehst und morgen mit Dracula. Aber beide labern den gleichen Müll!

Lola steht bestimmt nicht auf so einen und schon gar nicht auf einen, der noch dazu pausenlos mit seinem Alten prahlt, wie viel Kohle er im Jahr einfährt und dass er fast der Chef ist, weil sie ihm jedes Jahr einen neuen Firmenwagen geben. Aber auf was für einen steht Lola? Auf einen mit Glatze und ausgelatschten Turnschuhen? Wohl kaum. Oder vielleicht doch.

Was weiß Glatze überhaupt über Lola? Klar, an ein paar Sachen kann er sich noch von früher erinnern. Dass ihr Vater in einer Werbeagentur arbeitet. Und dass Glatze ihn irgendwie immer ganz nett fand auf den Kindergeburtstagen, wenn Lolas Vater am Schluss alle nach Hause gebracht und ihnen dabei irgendwelche Lieder vorgesungen hat, *99 Luftballons* und so was. Glatzes Vater hat mal gesagt, dass Lolas Vater einfach nur ein Spinner ist, der nicht gemerkt hat, dass sich die Zeiten geändert haben. Aber Lolas Mutter, die fand er von Anfang an ziemlich scharf. Das hat sogar Glatze gemerkt, obwohl er damals über solche Sachen noch nicht besonders viel wusste. Er hat gemerkt, wie sein Vater jedes Mal total lässig wurde, wenn sie zufällig Lolas Mutter getroffen haben. Ganz anders als sonst.

Lolas Mutter arbeitet bei Karstadt in der Parfümabteilung, und einmal ist Glatze hingegangen und hat sie heimlich beobachtet. Hat sich hinter einem Pfeiler versteckt und zugeguckt, wie sie Parfüm verkaufte. In solchen Kleidern, bei denen man ganz schnell woanders hinsehen muss, um nicht blind zu werden. Dabei hat Lola früher mal erzählt, dass ihre Mutter zu Hause absolut schlampig rumrennt, in einem alten Männerhemd mit dicken Skisocken dazu. Verrückt!

Was Lola wohl anhat, wenn sie zu Hause ist? Und was macht sie überhaupt den ganzen Tag? Sie ist auf einer Ganztagsschule, das weiß Glatze. Und kommt meistens erst am späten Nachmittag zurück. Glatze sieht sie fast täglich an der Bushaltestelle. Aber mehr weiß er nicht. Verdammt wenig eigentlich. Er weiß ja nicht mal, ob sie einen Freund hat! Irgend so ein Arschgesicht mit Haaren bis auf die Schultern wahrscheinlich, der gerade so tut, als würde er sich einen Bart wachsen lassen. Und abends knutscht er dann mit ihr vor der Haustür rum. Verdammte Soße!

Glatze steht auf und macht das Fenster zu. Es hat angefangen zu regnen. Drüben über der Autobahn zeichnet sich ein heller Schimmer ab.

Lola, Zettel Nr. 13

Gestern habe ich mir eine CD gekauft. The Kooks, „Inside Out". Einen Song finde ich schon mal echt gut: „I fell in love at the seaside".

Lola, Zettel Nr. 14

Ich hab noch mal über Christian Berger nachgedacht. Er ist irgendwie anders als alle, die ich kenne. Er hat die Glatze, aber das meine ich nicht. Nicht nur jedenfalls. Als er letztes Jahr mit der Pudelmütze rumgelaufen ist, fand ich das erst ziemlich blöd, und dann habe ich gedacht, die Glatze hätte er mit Absicht. Scheiß-Neonazi oder so.
Bis meine Mutter dann erzählt hat, was los ist. Die Nachbarn haben alle darüber geredet, dass es eine Krankheit ist. Mensch, das muss bescheuert sein, wenn dich alle nur noch anglotzen! Und die ganze Zeit quatschen sie darüber, bloß mit dir nicht. Wenn du kommst, sagt keiner was. In seiner Schule ist es bestimmt genauso. Trotzdem weiß ich irgendwie nicht, was ich mit ihm anfangen soll.
Zumal er dauernd mit Fischer und Ratte rumhängt. Fischer ist echt zum Kotzen. Und Ratte genauso. Ich weiß gar nicht, wozu solche Typen gut sind. Der C. hat gute Augen. Ist mir früher schon aufgefallen. Total lebendig, als könnte er nur mit seinen Augen lachen oder so. Obwohl ich ihn schon ewig nicht mehr habe lachen sehen.

Lola, Zettel Nr. 15

Das Fleisch, das wir essen, ist total verseucht. In den Hühnerkäfigen hacken sich die Viecher gegenseitig die Köpfe kaputt, weil sie völlig durchgeknallt sind. Und der letzte Fisch, der zufällig noch irgendwo rumschwimmt, wird auch bald in der Tiefkühltruhe gelandet sein.
Ich fühl mich manchmal wie ein kleines Kind, total hilflos. Und ich weiß langsam wirklich nicht mehr, wozu ich das alles überhaupt wissen muss. Es ist echt zum Kotzen!
Wäre schön, wenn mir mal jemand sagen könnte, was dieses ganze Elend eigentlich mit MIR zu tun hat.

Lola, Zettel Nr. 16

Wer träumt, wacht hungrig auf. Habe ich neulich auf einem Aufkleber gelesen. Und damit sind bestimmt keine Leute gemeint, die gerade vom Essen geträumt haben.
Ich glaube übrigens, ich werde Vegetarier!

6.

Fischer, Ratte und Glatze. Im Eingang zu einem Hochhaus.

Ratte wohnt hier. Im zwölften Stock. Vom Wohnzimmer aus sieht man genau auf die Dachterrasse von Fischer. Ratte behauptet, mit dem Fernglas könnte er auch bei Fischers Eltern ins Schlafzimmer gucken. Aber es würde sich nichts abspielen.

„Ist doch klar“, hat Fischer gesagt, „mein Vater kann jede Frau haben, die er will. Glaubst du, da interessiert ihn die Alte noch?“

Dabei ist Fischers Mutter eigentlich ganz in Ordnung. Sagt nie was, egal was Fischer macht. Kauft ihm aber andauernd irgendwelche Wahnsinnsklamotten, und wenn Fischer abends zu spät nach Hause kommt, stellt sie ihm was zu essen hin. Falls er noch Hunger hat. Fischer findet das normal. „Ist schließlich ihr Job“, sagt er.

Es regnet und es stinkt nach Müllcontainer und Hundepisse. Unter dem Vordach drängen sich ein paar kleinere Kinder in respektvollem Abstand zu Ratte, der mit einer Zigarette zwischen den Lippen Kniebeugen macht und gleichzeitig zu jeder Kniebeuge keuchend und mit zitternden Armen den Expander zu spannen versucht. Schweiß rinnt ihm übers Gesicht, seine Augen tränen vom Zigarettenqualm, er schwankt, fängt sich wieder.

„Einundfünfzig“, zählt Fischer, „zweiundfünfzig, drei... Aus. Fertig. Zweiundfünfzig. Nicht schlecht.“

Ratte kommt nicht mehr hoch, kraftlos lässt er den Expander fallen, sackt nach hinten gegen die Wand. Fischer nimmt ihm die Zigarette aus dem Mund, hebt den Expander auf, stellt sich in Positur, der Weltmeister vor seinem großen Kampf. Ein paar Kinder fangen an zu lachen, ein kleiner Junge klatscht Beifall.

Fischer legt los. Kniebeuge, Expander, Zug aus der Zigarette, hoch. Glatze zählt. Fischer ist schnell, zu schnell, Kniebeuge auf Kniebeuge, der Expander knackt jedes Mal, wenn Fischer ihn bis zum Anschlag spannt.

„Du paffst", stellt Ratte von unten fest. „Das gilt nicht. Du musst voll inhalieren."

„Sechsundvierzig, siebenundvierzig", zählt Glatze, „achtundvierzig ..." Fischer wird langsamer, er verschluckt sich am Rauch der Zigarette, muss husten, aus.

„Haha", macht Ratte und richtet sich langsam wieder auf. „War ja wohl nichts, was?"

„Verdammt", keucht Fischer. „Aber fast. Fast hätte ich's geschafft." Er muss stärker husten, steht da mit rotem Kopf, bis der Anfall vorüber ist.

Der kleine Junge macht Fischer nach, stöhnt, keucht, hustet, die anderen Kinder jubeln.

Fischer verpasst dem Kleinen einen Stoß und schreit: „Haut ab, verpisst euch! Na los, hört ihr schwer, oder was?" Er geht drohend auf die Kinder zu.

Aber die nehmen Fischer nicht ernst, kichern und hampeln um ihn herum, erst als Glatze sich zu Fischer stellt, rennen sie schreiend weg.

„Baby-Arschlöcher", sagt Fischer und zündet sich eine neue Zigarette an.

„Irgendwann hast du selber welche", stellt Glatze trocken fest.

„Geht schneller, als du denkst", ergänzt Ratte hämisch. „Einmal rein und einmal raus, fertig ist der kleine Klaus."

„Nee“, meint Fischer, „nicht mit mir, Leute! Ich mach alles anders, ihr werdet schon sehen. Ich mach es wie mein Alter heute. Mein Alter macht es genau richtig.“

„Keiner will werden wie sein Alter“, sagt Glatze.

„Ich schon“, sagt Fischer, ohne zu zögern. „Ihr wisst doch, meiner hat die Kohle und amüsiert sich bestens, und das ist das Einzige, was zählt.“

„Mir kann mein Alter echt gestohlen bleiben“, sagt Ratte. „Aber Geld ist geil, das stimmt.“ Dann sagt er plötzlich: „Ich glaube, ich geh zum Personenschutz. Oder ich werde Privatbulle. Muss gut sein, immer volle Action, immer was los.“

„Privatbulle ist das Letzte“, meint Fischer. „Mann, da kommt keine Kohle und nichts rüber. Guckst du kein Fernsehen, oder was? Und außerdem ist da nichts mit Action. Immer nur im Auto rumsitzen und warten. *10 Uhr 12: Frau betritt Haus. 10 Uhr 15: Licht im Schlafzimmer. 10 Uhr 17: Frau zieht sich nackt aus. 10 Uhr 21: Licht geht aus.* Das war's. Immer nur warten.“

„Ist doch Quatsch“, regt sich Ratte auf. „Und wenn schon, *Frau zieht sich nackt aus*, das ist doch was. Und dann kommt so ein Typ und will was, quatscht mich blöde an von der Seite, ich hol die Knarre raus und …“

„Aber wir“, sagt Glatze plötzlich, „wir warten auch bloß. Unser ganzes Leben lang.“

Er bückt sich und greift nach dem Expander. Nimmt Fischer die Zigarette aus der Hand und steckt sie sich zwischen die Lippen. Er fängt an: Kniebeuge, Expander, Zug aus der Zigarette.

„Hä?“, macht Ratte und tippt sich an die Stirn. „Was soll denn das nun wieder?“

Und Fischer: „Oh Mann, jetzt wird er wieder philosophisch! Mann, wir erzählen hier was ganz normal, und der …"

„Halt's Maul", quetscht Glatze zwischen den Zähnen hervor. „Zähl lieber. Bin schon bei einundzwanzig."

Ratte tippt sich noch mal an die Stirn, Fischer zuckt mit den Schultern und fängt an zu zählen. Glatze hat seinen eigenen Rhythmus gefunden. Ruhig und gleichmäßig. Als die Zigarette fast zu Ende geraucht ist, schiebt Fischer ihm schnell eine neue zwischen die Lippen. „Zweiundfünfzig, dreiundfünfzig … du hast Ratte eingeholt, Mann, gut!"

Aber Glatze zeigt mit keiner Reaktion, dass er Fischer gehört hat, er macht weiter, deutlich langsamer jetzt, aber immer noch, ohne aus dem Takt zu kommen, gleichförmig wie eine Maschine, während sein Gesicht langsam blaurot anläuft und sich dicke Schweißperlen bilden – auf seiner Oberlippe, an den Schläfen, im Nacken.

Als er bei fünfundsiebzig ist, sagt Ratte: „Hör auf, Mann, ist gut jetzt."

„Es reicht", sagt auch Fischer. „Siebenundsiebzig, achtundsiebzig, Mann, das hat noch keiner geschafft! Hör auf!"

Fischer greift nach Glatzes Arm, hält ihn fest, will ihm den Expander wegnehmen, da stützt sich Glatze plötzlich schwer auf ihn, wehrt sich nicht mal, er hängt über Fischers Schulter und starrt zum Fußweg rüber – regungslos, schwer atmend, die qualmende Kippe immer noch zwischen den Lippen.

„Was ist los, Mann?", schreit Ratte nervös, dann folgt er Glatzes Blick.

Da steht Lola. Genauso regungslos wie Glatze, steht einfach nur da und starrt.

Fischer löst sich vorsichtig aus Glatzes Umklammerung, legt ihm stützend den Arm um die Schultern, aber Glatze sackt in die Knie. Fischer hat Mühe, ihn zu halten. „Ratte, hilf mir, der kippt um!"

Ratte packt Glatzes Arm, Glatze schwankt vor und zurück. Abrupt dreht sich Lola um und geht. Glatze reißt sich los, torkelt zwei, drei Schritte auf den Fußweg, dann krümmt er sich plötzlich zusammen. Vor seinen Augen verschwimmt alles, wie von einem Faustschlag drängt sein Magen nach oben, hoffentlich ist Lola schon weg … Er schafft es gerade noch hinter den Müllcontainer.

„Bäh", macht Ratte.

„War zu viel für ihn", kommentiert Fischer. „Aber war trotzdem geil, fast achtzig, voll geil."

Lola, Zettel Nr. 17

Habe ihn schon wieder gesehen. Aber ich glaube, es wäre mir lieber gewesen, wenn nicht.
Er ist genauso bescheuert wie seine beiden bescheuerten Freunde.

Lola, Zettel Nr. 18

Jeden Tag irgendeine ätzende Zeitungsschlagzeile: „Jugendliche immer aggressiver!" und so.
Als wüssten wir das nicht auch so. Aber wer ist denn Schuld daran, dass nichts einen Sinn macht? Wir jedenfalls nicht!
Brauchen sie sich doch nicht zu wundern, wenn wir ausrasten.

Lola, Zettel Nr. 19

Wenn in einem Wald ein Baum umfällt und keiner hört es, macht er dann trotzdem ein Geräusch? Ist nicht von mir, aber irgendwie gut. Stand in einem Buch, das aufgeschlagen bei meiner Mutter auf dem Bett lag, und der Satz war dick mit Bleistift angestrichen. Würde gerne wissen, warum sie ihn angestrichen hat.

7.

Glatze. Irgendwo zwischen den Hochhäusern.

Glatze steht rum, die Hände in den Hosentaschen, und weiß nicht, was er machen soll. Er war schon im Supermarkt, aber es gab nichts, was sich gelohnt hätte. Er war auch bei Ratte, aber Ratte war nicht da. Ist wahrscheinlich mit Fischer unterwegs, und Glatze hat keine Lust, sie zu suchen. Lieber würde er – ja, was eigentlich? Irgendwas machen, denkt Glatze, was vor ihm noch keiner gemacht hat. Irgendwas, was gigantisch Sinn macht.

Als sie die Hochhäuser hier gebaut haben, denkt Glatze, haben sie jedenfalls garantiert gewusst, dass das *keinen* Sinn macht. Man kann ja wohl nicht einfach einen Haufen Betonwände übereinanderstapeln und dann behaupten, dass es Wohnungen wären. Hilft auch nichts, wenn man oben ein paar Penthäuser draufsetzt, für die, die mehr Geld haben.

Man müsste die ganze verdammte Siedlung einfach in die Luft jagen und den Schuppen von seinen Eltern am besten gleich mit dazu! Und dann erst mal ein paar Jahre abwarten. Bis alles wieder grün ist. Birken und solches Zeug wachsen unheimlich schnell. In ein paar Jahren würde keiner mehr glauben, dass hier mal Hochhäuser gestanden haben. Und dann könnte man was Neues bauen. Alles ohne Beton, das steht fest. Holzhäuser vielleicht. Und jedes Haus müsste anders aussehen. Mit völlig verrückten Fenstern, bunt gestrichen vielleicht, und mit Bänken vor der Tür, wo man rumsitzen kann und in Ruhe miteinander reden. Und dann käme Lola vorbei und …

Verdammt, denkt Glatze, wenn Lola nur nicht so verdammt geil aussehen würde, dann wäre alles einfacher. Dann könnte er einfach hingehen und sie anquatschen und irgendwas mit ihr machen. So wie früher.

Geht aber nicht. Sie sieht echt aus wie ein Fotomodell. Und er? Wie eine Glatze eben. Wie eine saublöde Glatze.

Glatze latscht zur Bushaltestelle rüber. Starrt auf den Fahrplan, ohne etwas zu sehen. Er kann sich nicht konzentrieren, weiß für einen Moment noch nicht mal, welcher Wochentag ist. Er kriegt auch nicht die Hand aus der Hosentasche, um zu gucken, wie spät es ist. Fühlt sich leer und kaputt und ohne einen Funken Energie. Als der Bus kommt, will er einsteigen, hat den Fuß schon auf der Trittstufe, egal wohin, irgendwohin, da sieht er Lola.

Lola ist noch ein ganzes Stück entfernt, jetzt winkt sie und fängt an zu rennen, sie will den Bus kriegen, ganz klar. Glatze dreht sich zum Fahrer: „Hab's mir anders überlegt."

Fauchend schließt sich die Tür, Glatze steht alleine an der Bordsteinkante. Aber nun wäre er plötzlich doch lieber im Bus oder wenigstens auf der anderen Straßenseite, ganz cool, Hände in den Hosentaschen, so, als hätte er Lola gar nicht gesehen …

„Mist", sagt Lola, als sie neben ihm steht.

„Der Bus ist weg", sagt Glatze und hat feuchte Hände. Er lehnt sich wie zufällig an das Haltestellenschild, lässig, und kriegt sogar so etwas wie ein Grinsen zustande.

„Ich wollte in die Stadt", sagt Lola.

„Der nächste Bus kommt bestimmt", sagt Glatze und fummelt ein zerdrücktes Päckchen Zigaretten aus der Tasche.

„Bist du wegen mir wieder ausgestiegen?“, fragt Lola.
„Quatsch“, sagt Glatze viel zu schnell. „Wieso denn?“
„Nur so“, meint Lola. „Und was machen wir jetzt?“
„Wieso wir?“, fragt Glatze zurück. Im gleichen Moment tut es ihm schon leid. „Hier!“ Er hält Lola die Zigarettenpackung hin.
„Ich rauche nicht“, sagt Lola
„Ach so“, sagt Glatze und weiß nicht, was er noch sagen soll.
„Los, lass uns ein bisschen spazieren gehen“, schlägt Lola vor.
„Von mir aus“, murmelt Glatze. Erst läuft er ein paar Meter hinter Lola her, bis es ihm zu dumm wird, dann macht er zwei, drei große Schritte, jetzt ist er dicht neben ihr. Als er mit der Jacke zufällig Lolas Arm streift, vergrößert er den Abstand sofort wieder.
Lola wirft ihm einen spöttischen Blick zu.
„Ist was?“, fragt Glatze.
Lola grinst und sagt: „Komm, erzähl mir irgendwas.“
„Ich denke, du wolltest in die Stadt“, sagt Glatze.
„Stimmt“, sagt Lola, „wollte ich auch. Aber dann hab ich wen getroffen, den ich von früher kenne, und jetzt erzählt er mir was aus seinem Leben und so. Wir haben uns nämlich lange nicht gesehen.“
„Ach so“, sagt Glatze wieder.
„Mann“, macht Lola und verdreht die Augen. „Tu doch nicht so!“ Sie bleibt stehen und packt Glatze am Arm. „Oder hast du was? Also ich freu mich jedenfalls, dass ich dich getroffen habe. Ich wollte die ganze Zeit schon mit dir reden. Ich weiß gar nichts mehr von dir und früher haben wir uns doch mal ganz gut verstanden und …“

„Klar“, sagt Glatze und macht sich los. „Aber das war was anderes.“

„Wieso?“, will Lola wissen und kommt dicht an Glatze heran. „Wieso war das anders? Weil wir Kinder waren, meinst du?“

„Genau“, sagt Glatze, „deshalb“, und geht einfach weiter.

„He, warte mal!“, ruft Lola. „Ich weiß ja nicht mal mehr, wie ich dich anreden soll. Die anderen sagen Glatze zu dir, ich weiß, aber …“

Glatze bleibt stehen. Er guckt Lola nicht an. „Ich hab ja auch eine Glatze. So ist das eben. Geht dich gar nichts an. Ist mein Problem.“

„Verdammt, wie blöd bist du eigentlich?“ Jetzt schreit Lola. „Glaubst du, ich will mich über dich lustig machen, oder was? Mann, ich bin's, Lola! Lola Helmke, die du schon seit dem Kindergarten kennst!“

Ganz langsam dreht Glatze sich um. „Ich weiß, wie du heißt“, sagt er. „Aber ich weiß nicht, was du von mir willst. Mir geht es gut. Du brauchst dir keine Sorgen um mich zu machen, mir geht es echt gut.“

„Dir geht es gut, ja?“, fragt Lola und packt Glatze mit beiden Händen an der Jacke. „Dir geht es ja so unheimlich gut, was? So gut, dass du kotzen musst, ich weiß, ich hab's gesehen! Und wenn du gerade mal nicht kotzen musst, dann versuchst du dich umzubringen. Du und diese zwei Vollidioten, mit denen du rumhängst! Ihr seid ja so geil, so supergeil, ihr …“

„Hör auf!“, schreit Glatze. „Hör sofort auf!“ Er greift nach Lolas Fäusten. „Was willst du? Glaubst du, du kannst hier einfach ankommen und dumm rumquatschen? Das Ganze geht dich nichts an, ich hab es dir schon mal gesagt!“

Langsam biegt Glatze Lolas Arme auseinander, aber Lola ist stärker, als er denkt. Mit einer schnellen Bewegung macht sie sich los, und bevor Glatze reagieren kann, knallt sie ihm eine, dass sein Kopf zurückfliegt und er für einen Moment rot flimmernde Ringe vor den Augen hat.

„Mach das nie wieder“, sagt Lola. „Versuch nie wieder, mir wehzutun ...“ Und dann ganz leise: „Versprich mir das, ja?“ Und sie streicht mit der Hand über Glatzes brennende Wange.

Glatze zieht eine Grimasse. Natürlich, er kann ihr alles versprechen. Sich entschuldigen. Ich wollte dir nicht wehtun, bestimmt nicht, es war nur ... Er weiß selbst nicht, wieso er so sauer geworden ist. Doch, natürlich, weil sie irgendwie genau seinen wunden Punkt getroffen hat. Aber trotzdem soll sie bloß nicht glauben, dass sie nur nett zu lächeln braucht und alles ist in Ordnung. Ist es nämlich nicht. Überhaupt nichts ist in Ordnung. Was soll er jetzt machen?

„Verdammte Soße“, sagt Glatze.

Da dreht sich Lola um und geht.

„He, warte!“, ruft diesmal Glatze. „Ich ... ich erklär's dir, es ist nur, weil ...“ Weil ich nicht damit gerechnet habe, möchte er rufen, und weil ich glaube, ich hab mich verknallt. Aber Lola geht einfach weiter, als würde er da nicht mitten auf der Straße stehen und sich lächerlich machen.

„Verdammt!“, schreit Glatze und rennt hinter ihr her und will sie festhalten. Aber er traut sich nicht, also stellt er sich ihr in den Weg. Nun steht er wieder rum und weiß nicht, wohin mit seinen Händen.

„Ist okay", sagt Lola, „vergiss es." Sie lächelt, guckt ihn aber nicht an dabei, zum Glück. Deshalb merkt sie nicht, dass er knallrot wird und zu schwitzen anfängt. Sie sagt: „Ich wollte nur mit dir reden. Weil es mir leidtut, dass wir so lange … Weil es mich wirklich interessiert, was du so gemacht hast."

Und als Glatze immer noch nicht reagiert, sagt sie herausfordernd: „Okay, meinetwegen, weil *du* mich interessierst. Bist du jetzt endlich zufrieden?", und sieht ihm direkt ins Gesicht dabei.

Glatze holt tief Luft, legt den Kopf zurück und spricht irgendwohin in Richtung Himmel, Hochhäuser, Satellitenschüsseln: „Ich hab ein paar verrückte Ideen. Wenn du willst, könnte ich dir ja mal eine erzählen."

„Ich warte", sagt Lola. „Na los, fang an."

„Ich hab noch nie jemandem davon erzählt", sagt Glatze. Und dann beugt er sich plötzlich vor, packt Lolas Schulter und flüstert direkt an ihrem Ohr: „Da drüben, die Bäume, siehst du die?"

„Hä?", macht Lola.

„Schön grün, nicht?"

„Ja klar." Lola zuckt mit den Schultern. „Ist ja Sommer."

„Genau", sagt Glatze, „das ist es."

„Das ist was?", fragt Lola und versteht kein Wort.

Glatze zeigt zum Parkplatz rüber und sagt: „Und da, was siehst du da?"

„Autos", sagt Lola, „was sonst?"

„Genau", sagt Glatze, „Autos. Und jetzt guck sie dir genau an – rot und grün und blau …"

„… und ein gelber Lieferwagen“, ergänzt Lola.

„Schön bunt jedenfalls“, nickt Glatze, „musst du zugeben. Und …“

„Sag mal“, unterbricht ihn Lola, „was soll das werden?“

„Warte“, meint Glatze, „einen ganz kleinen Moment noch, jetzt kommt's nämlich. Also, ein Baum im Sommer – schön grün. Aber ein Baum im Winter? Na, wie sieht ein Baum im Winter aus?“

„Kahl“, sagt Lola und weiß immer noch nicht, worauf er hinauswill.

„Kahl“, stimmt Glatze zu. „Zum Kotzen. Erbärmlich. Ein erbärmliches Gerippe. Aber ein Auto im Winter?“ Er spricht weiter wie ein Showmaster im Fernsehen: „Richtig, genauso bunt wie im Sommer. Und das ist es, das ist meine Idee: Alle Bäume weg und nur noch Autos hin. Was fürs Auge sozusagen. Sommer wie Winter, verstehen Sie, junge Frau?“

Einen Moment starrt ihn Lola verblüfft an. Dann fängt sie an zu lachen: „Klar, du hast recht, das ist es. Überall Autos hin, immer schön bunt, auch im Winter!“ Und mit großer Geste zu einem erdachten Publikum: „Das wird die Welt verändern. Alle werden glücklich und zufrieden sein! Und wem haben wir das zu verdanken?“

Mann, denkt Glatze, Lola macht mit! Wie lange träumt er schon davon, dass er irgendwie einfach nur rumspinnen kann! Wenn er Ratte oder Fischer so was erzählt hätte, hätten sie bloß gelacht. „Okay, okay“, sagt er, „war ja nur so eine kleine Idee. Ich hab noch mehr Ideen.“ Und weil er gerade so gut in Fahrt ist, macht er gleich weiter: „Und ich schreib zurzeit auch eine Geschichte, falls es dich interessiert, so mit meinen Ideen und allem.“

„Wirklich?", fragt Lola und klingt richtig neugierig. „Schreibst du echt eine Geschichte? Kann ich mal was lesen davon?"

Mist, damit hat er nicht gerechnet. Glatze versucht cool zu bleiben. „Klar, Baby", sagt er, „kannst mich ja mal besuchen kommen, wenn du willst. Les ich dir was vor."

„Ich kann selber lesen", antwortet Lola.

„Dann eben nicht", meint Glatze und geht aufs Ganze. „Dann wirst du eben nie erfahren, worum es in meiner Geschichte geht."

„Okay, ich komme", sagt Lola. „Und wann?"

„Mir egal", meint Glatze und tut so, als wäre es nicht weiter wichtig. „Heute, morgen, übermorgen."

„Irgendwann also", sagt Lola und grinst.

Und Glatze grinst zurück und kann es kaum glauben.

Lola, Zettel Nr. 20

Alle sagen Glatze zu ihm. Ich finde es eigentlich fies, aber er sagt, es stört ihn nicht. Er hätte sich dran gewöhnt. Und irgendwie fände er es sogar ganz gut – wie so ein Kriegername bei den Indianern. Obwohl ich glaube, dass er dann „Der-seinen-Skalp-verloren-hat" heißen müsste.
Wenn man sich erst mal daran gewöhnt hat, dass er keine Haare hat, merkt man es vielleicht irgendwann gar nicht mehr. Ich glaube, ich werde auch Glatze zu ihm sagen.

Lola, Zettel Nr. 21

War mit Glatze im Kino. Wir haben „Bambi" gesehen, den Zeichentrickfilm, den ich mir mindestens einmal im Jahr geben muss. Und Glatze ist auch gleich mitgekommen. Ohne rumzunerven. Aber diesmal habe ich kaum was mitgekriegt von dem Film. Habe die ganze Zeit nur gedacht, ob Glatze vielleicht versuchen wird, meine Hand zu halten. Hat er aber nicht. Aber als wir raus sind, hat er versucht mich zu küssen! Es war ein totales Gedrängel und irgendein Blödmann hat mich geschubst, sodass ich fast hingeknallt wäre. Da hat Glatze mich aufgefangen und auf den Mund

geküsst. Ich glaube, er wollte es eigentlich gar nicht, also er wollte mich eigentlich nur auf die Backe küssen oder auf die Haare, aber durch das Geschiebe hat er meinen Mund erwischt. Danach ist er gleich total rot geworden und ich habe so getan, als wäre nichts.
Dann waren wir Pommes essen. Also ich habe Pommes gegessen und Glatze hat sich mit einem Döner vollgeschmiert. Dabei hat er mir ohne Ende irgendwelche Geschichten erzählt. Erst von einem Typen, den er angeblich mal getroffen hat. Der hatte immer eine Stimmgabel dabei und manchmal hat er sie rausgeholt, egal, wo er gerade war, und hat sie sich an die Zunge gehalten und dann hat er die Augen verdreht und wie irre gelacht.
Ich glaube, Glatze hat das Ganze nur erfunden. Genauso wie die Geschichte von seinem Cousin, der angeblich behauptet, er könnte alles über einen Menschen rauskriegen, wenn er dessen Kopf abtastet. Glatze sagt, der würde immer durch die Stadt rennen und jeden fragen, ob er mal seinen Kopf anfassen darf. Und manchmal würde er auch Leuten einfach so am Kopf rumfummeln, ohne vorher zu fragen.
Ich weiß nicht, ob Glatze mir das erzählt hat, damit ich irgendwas sage wegen seiner Glatze oder so. Kann sein. Aber es war mir egal. Ich wollte einfach nur, dass er weitererzählt. Weil es irgendwie total schön war. Ich meine, es ist ja auch irre: Da sitzt du in einer öden Dönerbude und schaufelst matschige Kartoffelstäbchen aus einer halb aufgeweichten Pappschachtel in

dich rein, und dir gegenüber sitzt einer und erzählt dir das Blaue vom Himmel runter.
Und dann ist er völlig abgedreht. Er hat plötzlich seine Turnschuhe ausgezogen, hat sie hochgehalten und ganz laut gesagt: „Kannst du mir sagen, was das hier ist?"
Die Leute haben alle geguckt, aber das hat Glatze nicht gestört. Er hat weiter mit seinen ausgelatschten Tretern über den Pommesresten rumgewedelt und noch lauter gesagt: „Kann mir irgendwer sagen, was das hier ist?"
Ich hätte mich fast kaputtgelacht! Es war eine super Show!
„Das sind Turnschuhe", hat Glatze gerufen, „Turnschuhe für 5,95 Euro! Beste Discounter-Qualität! Gibt's heute gar nicht mehr, so was! Angenehm am Fuß, formschön und trittsicher. Und wenn sie dreckig sind: Einfach in die Waschmaschine und fertig. Selbst wenn du mal in matschige Pommes gelatscht bist: Kein Problem!"
Aber da ist der Typ von der Dönerbude gekommen und hat gesagt: „Jetzt reicht's."
„Alles klar", hat Glatze geantwortet. „Ich seh schon, DocMartens-Träger." Und zu mir hat er ganz cool gesagt: „Okay, Baby, lass uns gehen. Morgen kaufe ich den Schuppen hier und fertig. – Und Sie können sich schon mal nach einem neuen Job umsehen", hat er zu dem Typen gesagt und ist barfuß raus, als wäre er der King persönlich. Mann, hat der blöd geguckt!

Als wir draußen waren, habe ICH Glatze einen Kuss gegeben. Aber nur auf die Backe. Und ich habe gesagt: „Du spinnst, Glatze, wirklich. Aber es macht Spaß mit dir." Weil ich fand, dass ich ihm das einfach sagen musste.
Er hat seine blöden Turnschuhe in der Hand gehalten und hat sich nicht gerührt. Und dann hat er geflüstert: „Komm mal her zu mir. Ich muss dir auch was sagen."
Also habe ich mich dicht vor ihn gestellt und er hat weiter ganz leise geredet, als würde er mir ein Geheimnis anvertrauen: „Wenn du diese Turnschuhe anhast", hat er gesagt, „dann glaubst du, dass du alles kannst. Dass es nichts gibt, was du nicht kannst. Klar, sie haben nur 5,95 Euro gekostet, aber du spürst richtig, wie sie dich schnell machen. Wie sie sich an dich klammern und sich nicht mehr von dir trennen wollen, und wie sie es gar nicht mögen, wenn du nur so rumstehst. Hier, zieh sie an, probier es selber!"
Und er hat mir seine Turnschuhe hingehalten und ich habe sie tatsächlich angezogen! Sie waren nicht mal so viel zu groß, nur ein bisschen feucht.
„Beweg die Zehen", hat Glatze gesagt. „Fühlst du es? Das sind Schuhe! Sie können dich springen lassen wie ein Känguru. Fünf Meter jeder Sprung. Kein Problem. Vielleicht sogar zehn. Sie springen mit dir die Straße runter, einfach so, am Supermarkt vorbei und bis zur Tankstelle, schneiden die Kurve und schon bist du sekundenschnell wieder zurück."
„Wie der Wind", habe ich gesagt.
„Genau!", hat Glatze gesagt. „Als könntest du fliegen."

Lola, Zettel Nr. 22

Es macht wirklich Spaß mit Glatze. Vor allem kann er Geschichten erfinden, noch während er redet. Könnte ich nicht.

Lola, Zettel Nr. 23

Das, was Glatze hat, heißt „Alopecia areata universalis", ich hab nachgeguckt. Meine Eltern haben so ein medizinisches Lexikon. Mit allen Krankheiten, die es nur gibt. Und mit ziemlich ekligen Bildern.
Meistens haben die Leute nur „kreisrunden Haarausfall" und sehen dann aus wie ein Mönch oder so. Aber Glatze hat das volle Programm. Ganz verstanden habe ich es nicht, kann ein Zinkmangel sein oder Stress oder so, jedenfalls fallen einem echt alle Haare aus. Kann sein, dass sie irgendwann auch wieder anfangen zu wachsen. Nur weiß keiner, ob und wann.
Frauen können das übrigens auch kriegen. Ich stelle mir vor, dass wir es beide hätten. Ich glaube, die Leute würden durchdrehen, wenn sie uns dann sähen. Vielleicht könnten wir uns ja auch noch Farbe auf die kahlen Köpfe schmieren. Ich Blau und Glatze Grün! Oder kariert oder so. Und dann könnten wir irgendwo auftreten, im Varieté vielleicht. Einmal anfassen für nur 5 Euro!

Lola, Zettel Nr. 24

Ob er echt am ganzen Körper keine Haare hat? Muss komisch sein, wie bei einem Baby. Aber vielleicht auch ganz normal. Man muss sich nur erst daran gewöhnen.

Lola, Zettel Nr. 25

Ich hab etwas ausgehandelt mit meinen Eltern: Ich mache jeden Tag mein Zimmer sauber und hänge meine Klamotten weg und alles, dafür kommen sie nicht mehr rein. Ich hoffe, sie halten sich auch daran. Ich glaube aber schon.
Irgendwie wollte ich plötzlich nicht mehr, dass sie meine Zettel lesen. Vor allem die, wo es um Glatze geht. Klar, ich könnte die Zettel natürlich auch verstecken, aber dann würde die ganze Wand keinen Sinn mehr machen. Und ich wollte ja, dass ich nur auf meine Wand zu gucken brauche und sofort sehe, was mal für mich wichtig war oder immer noch ist.
Und Glatze ist wichtig. Es scheint jedenfalls so.

Lola, Zettel Nr. 26

Glatze ist irgendwie süß. Ganz unsicher und so, und er weiß nie, wo er mit seinen Händen hin soll, wenn er mit mir redet. Meistens steckt er sie in die Hosentaschen, aber dann ist es ihm irgendwie peinlich und er holt sie wieder raus. Und dann wieder rein. Echt wie ein kleiner Junge.

Lola, Zettel Nr. 27

Ich war schon wieder mit Glatze im Kino. Das heißt, so gut wie. Glatze wollte erst noch mal in „Bambi", aber ich glaube, das hat er nur gesagt, weil er dachte, dass ich mich dann freue! Aber „Bambi" mehr als einmal im Jahr geht gar nicht, und alles andere, was es gab, war der totale Schrott. Glubschauge Nicolas Cage auf Schatzsuche und so was. Oder Dumpfbacke Tom Cruise, wie er erst sich und dann auch noch die Welt rettet. Wenn es was mit Brad Pitt gegeben hätte, wäre ich sofort reingegangen. Oder besser noch mit Uma Thurman. Gab es aber nicht. Also haben wir uns stattdessen an die Kinobar gesetzt und Popcorn gemampft, bis mir fast schlecht geworden ist. Danach sind wir eine Runde durch den Park gelatscht und Glatze hat wieder Geschichten erzählt. Dass er davon träumt, auf einer Insel zu leben.

„Na und?", habe ich gesagt. „Davon träumt mein Alter auch, ich kann es bald auswendig. Eine Insel irgendwo in der Südsee. Mit Palmen und Hängematte und Bacardi-Rum, genau wie in der Werbung, die er macht. Genauso dämlich und verlogen."
„Warte", hat Glatze gesagt. „Meine Insel ist ganz anders." Und dann hat er von SEINER Insel erzählt. Dass es eine schwimmende Insel ist, die ständig ihre Lage verändert, weshalb sie auch keiner finden kann.
„Aber wie willst DU sie dann finden?", habe ich gefragt.
„Ganz einfach", hat Glatze gesagt, „weil ich natürlich weiß, wie es geht. Man muss nur warten, bis Nebel ist. Am besten so dicht, dass man die Hand nicht mehr vor Augen sehen kann. Und dann los. Voll rein in die Brühe. Du kommst natürlich mit."
„Und dann?"
„Und dann sind wir da."
„Und was machen wir da?"
„Ich würde dir vielleicht ein Haus bauen", hat Glatze geantwortet. „Aus Treibholz. Alte Baumstämme und Bretter und Kisten und so. Und die Fenster von einem Fischkutter, der gerade gestrandet ist. Mit einem Zaun aus Walknochen drum herum, damit keine wilden Tiere an uns rankönnen."
„Und ich? Was mache ich inzwischen?", wollte ich wissen. Glatze hat einen Moment überlegt. Dann hat er gegrinst und gesagt: „Du würdest die Farben aussuchen. Das Haus muss ja noch gestrichen werden, ganz logisch. Und du sagst dann vielleicht, du hättest es gern in Pink."
„In Lila, wenn schon."

„Na gut, dann eben in Lila. Aber wir haben nur Rot und Blau und Gelb. Also muss ich die Farben mischen. Kriege auch ein ganz brauchbares Lila zustande, streiche die eine Wand, aber …“
„Aber mir gefällt es nicht.“
„Genau. Dir gefällt es nicht. Du hättest es doch lieber …“
„Grellrot!“
„Okay, grellrot. Fange ich also wieder an zu mischen. Streiche wieder ein bisschen, aber jetzt ist es dir zu sehr orange.“
„Außerdem glaube ich, blaugrün wäre sowieso schöner. Passt auch besser zu dem Meer um uns rum.“
„Gut, blaugrün also. Und ich kriege genau den Farbton hin, den du haben wolltest. Du bist völlig begeistert, aber dann …“
„Was dann?“
„Dann habe ich plötzlich keine Farbe mehr. Habe einfach zu wenig angemischt, weil ich ja vorsichtig geworden bin.“
„Na und, dann mischst du eben noch mal.“
„Klar, mache ich ja auch, aber jetzt kriege ich den Farbton nicht mehr hin. Ich mische wie blöd, streiche ein paar Bretter, aber du sagst sofort …“
„Das ist es nicht.“
„Also mische ich noch mal, wieder daneben. Und immer so weiter. Bis … bis das ganze Haus fertig gestrichen ist, in hundert verschiedenen Farben!“
„Mensch, Glatze“, habe ich gesagt, „ich glaube, da würde ich gerne wohnen! Es wäre das bunteste Haus auf der ganzen Insel!“

„Klar", hat Glatze gegrinst, „es ist ja auch das einzige Haus auf der ganzen Insel."
„Au Mann!", habe ich gerufen und Glatze aus Spaß in den Bauch geboxt, bis er mich festgehalten hat. Aber ganz sanft. Und ich glaube, er wollte noch mehr, da standen plötzlich Ratte und Fischer vor uns.
„Überraschung!", hat Fischer gerufen. „Was müssen meine armen Augen da sehen? Das ist doch unser alter Kumpel Glatze. Und voll in Action gerade, wie mir scheint. Da wollen wir doch auch nicht länger stören, aber denkt daran, Leute, macht's nicht ohne! Gebt Aids keine Chance!"
Und dann haben sie beide richtig dreckig gelacht, fand ich jedenfalls. Aber Glatze hat nur verlegen gegrinst und zu ihnen gesagt: „Wir sehen uns morgen, okay?"
Er hat meine Hand genommen und mich weggezogen. Fischer und Ratte haben noch irgendwas hinter uns hergerufen. Ich war echt sauer, vor allem weil ich fand, dass Glatze sich ruhig mehr hätte aufregen können. Und nicht einfach so tun, als wären die blöden Sprüche von den beiden völlig normal.
„Ich denke, das sind deine Freunde?", habe ich zu Glatze gesagt.
„Sind sie auch", hat Glatze geantwortet. Und eine ganze Weile später hat er gesagt: „Mann, das musst du doch verstehen. Sie sind einfach neidisch. Ist doch klar, weil ich jetzt eine Freundin habe und sie nicht."
„He, warte mal", habe ich gesagt. „Davon weiß ich ja noch gar nichts!"
Aber diesmal ist Glatze nicht rot geworden oder so, sondern wir haben uns einfach geküsst. Endlich!

Lola, Zettel Nr. 28

Ich habe Fischer und Ratte im Bus getroffen. Fischer hat versucht, mich vollzulabern. Ich glaube, er wollte wissen, was mit mir und Glatze ist. Und dann hat er gesagt: „Weißt du eigentlich, dass sich Glatze beim Pinkeln immer einschließt, damit ihm keiner zuguckt? Damit keiner sieht, dass er wirklich NIRGENDWO Haare hat, null! Aber das weißt du ja wahrscheinlich besser als ich, oder?"

Und Ratte hat die ganze Zeit wieder nur blöd gelacht. Da bin ich einfach ausgestiegen. Obwohl es noch viel zu früh war.

Ich glaube, ich werde Glatze nichts davon erzählen.

Lola, Zettel Nr. 29

Irgendwo haben sie angeblich eine Schule aufgemacht, in der die Leute sich alle mit Namen begrüßen und ganz furchtbar nett zueinander sind. Und alle finden es GROSSARTIG. Habe ich im Fernsehen gesehen. Und ein Mädchen hat sogar allen Ernstes behauptet, dass sie sich am Wochenende schon darauf freuen, sich am Montag wiederzusehen.
Und sie haben gesagt, dass keiner mehr aggressiv wäre, seit sie das so machen.
Na wunderbar. Ich glaube, ich käme mir bei so was irgendwie ziemlich blöd vor! Und außerdem könntest du ja kaum noch was anderes machen, wenn du dauernd „Guten Tag" und „Hallo" und „Wie geht's?" und „Schön dich zu sehen" sagen musst. Und vielleicht gibt es ja auch trotzdem Leute, bei denen du es eben nicht schön findest, sie zu sehen.

8.

Glatze. Zu Hause.

Er zappt sich gerade durch die Kanäle: MTV, VIVA, Eurosport, RTL-Shop. Es klingelt. Lola steht vor der Tür. „Da bin ich."

„Seh ich", sagt Glatze.

„Und, was machst du gerade?"

„Nichts weiter. Hänge so'n bisschen rum, nichts weiter."

„Seh ich", sagt Lola. „Kann ich reinkommen?"

„Klar, warum nicht?" Glatze geht vor Lola her ins Wohnzimmer. Haut sich wieder auf die Couch. Spielt mit der Fernbedienung rum: RTL-Shop, Eurosport, VIVA, MTV.

„Können wir nicht in dein Zimmer gehen?", fragt Lola.

„Klar", sagt Glatze und macht den Fernseher aus. „Ist aber nicht aufgeräumt."

„Egal", meint Lola, „wird schon nicht so schlimm sein."

Sie stehen ziemlich dicht voreinander. Glatze hat immer noch die Fernbedienung in der Hand, für einen Moment überlegt er, ob er Lola einfach einen Kuss geben soll, aber er weiß nicht … Es ist komisch. Irgendwie anders als im Kino oder beim Pommesessen. Klar, er war ja noch nie alleine mit Lola. Nicht richtig jedenfalls. Und jetzt ist sie plötzlich bei ihm in der Wohnung. Und seine Eltern sind nicht da und … und er hat schon wieder feuchte Hände.

„Ist was?", fragt Lola und guckt ihn so komisch an dabei.

„Quatsch", sagt Glatze. „Kannst ja schon mal vorgehen, ich hol was zu trinken."

Er schiebt die Fernbedienung hinten in die Hosentasche und verschwindet in der Küche. Dreht den Wasserhahn auf, beobachtet eine Weile, wie das Wasser durch den Abfluss gurgelt, wischt sich die Hände an der Hose ab, nimmt eine Flasche Mineralwasser aus dem Kühlschrank.

Lola steht mitten in seinem Zimmer, als Glatze reinkommt. Geil sieht sie wieder aus, hat diesen Minirock an. Cool bleiben, Alter!

Glatze schmeißt sich aufs Bett, hält Lola die Flasche hin. „Hier ..."

Lola hockt sich neben ihn, viel zu dicht, Glatze rückt ein Stück zur Seite, weiß nicht, was er sonst machen soll, zieht die Fernbedienung aus der Hosentasche und zappt im Zimmer rum. Kurt-Cobain-Poster, Filmplakat mit Natalie Portman, das Halteverbotsschild, das er neulich nachts geklaut hat.

„Mann", sagt Lola, „gestern warst du aber echt besser drauf."

„Stimmt schon", sagt Glatze. „Aber bin gerade ein bisschen schlapp." Zapp. Halteverbotsschild, Natalie Portman, Kurt Cobain.

Lola nimmt ihm die Fernbedienung aus der Hand, hält seine Hand fest. „Liest du mir was aus deiner Geschichte vor?"

„Was für eine Geschichte?"

„Na, die Geschichte, von der du erzählt hast! Als wir uns das erste Mal getroffen haben. An der Bushaltestelle. Du hast gesagt, du schreibst eine Geschichte."

„Zu schlapp", sagt Glatze und legt sich das Kopfkissen aufs Gesicht. Lola drückt zu, bis er kaum noch Luft bekommt, dann reißt sie das Kissen hoch, kommt ihm ganz nah. Sie hat grüne Augen mit ein bisschen Grau außen, ihre Haare kitzeln ihn unter der Nase. Sie sagt: „Dann wieder eine von deinen Ideen, okay?!"

Sie springt auf, hat immer noch das Kissen und wirft. Glatze kann gerade noch die Arme heben. Lola lacht: „Na los, was ist? Oder fällt dir nichts mehr ein?"

Klar fällt ihm was ein. Wenn er Lola sieht, fällt ihm jede Menge ein.

„Also, ich höre", sagt Lola und setzt sich verkehrt rum auf seinen Schreibtischstuhl. Sie legt die Arme auf die Lehne, stützt ihr Kinn auf die Hände, guckt ihn an …

„Okay", sagt Glatze, „also, ich glaube, ich habe dir noch nie erzählt, dass ich ein echter Eckenlieger bin. Vielleicht der letzte echte Eckenlieger, den es überhaupt gibt, doch, bestimmt sogar. Ich kenne jedenfalls keinen anderen."

„Hä?", macht Lola.

„Warte, warte", sagt Glatze, „kommt ja noch. Also ein echter Eckenlieger ist einer, der viel rumliegt. In den Ecken und so. Manchmal den ganzen Tag lang. Aber nicht, dass du denkst, ein Eckenlieger wäre nur blöd oder so, nee, ganz im Gegenteil, total intelligent, hat echt was drauf, hat alles hier oben, verstehst du? Der blickt voll durch!"

„Und warum liegt er dann in der Ecke?", will Lola wissen und kichert dabei wie ein kleines Mädchen.

„Eben, das ist es", sagt Glatze mit todernster Miene. „Das ist genau der Punkt. Weil er es nämlich gar nicht nötig hat, aus seiner Ecke rauszukommen. Ist doch klar, guck mich an: Eckenlieger ohne Kompromisse! Alles hier oben, alles gespeichert, kann ich jederzeit abrufen, brauche ich nicht aufzustehen und rumzuhampeln, alles Quatsch, ich kann genauso gut in der Ecke liegen und abwarten."

„Aber worauf wartest du denn?", fragt Lola.

„Ja", sagt Glatze, „das ist leider das Problem. Das hab ich noch nicht raus, da muss ich erst noch drüber nachdenken ..."

„Haha", sagt Lola, „alles klar!"

„Nee, warte." Glatze richtet sich auf. „So einfach ist es nun auch wieder nicht. Überhaupt nichts ist klar. Im Moment jedenfalls nicht. Aber irgendwann, da werden sie mich brauchen."

„Wer?", fragt Lola. „Wer wird dich brauchen?"

„Irgendwer, was weiß ich", sagt Glatze, immer noch todernst. „Auf den Knien werden sie angekrochen kommen und betteln, dass ich aus meiner Ecke rauskomme, weil sie mich brauchen, weil ohne mich nämlich gar nichts mehr geht. Aber ob *ich* dann noch will, das weiß ich nicht, kann sein, dass ich dann auch nicht mehr will."

„Hör auf, du spinnst!", ruft Lola und rauft sich die Haare. „Ich habe kein Wort verstanden!"

„Da hast du es", sagt Glatze. „Keiner versteht mich. Und dabei ist es so einfach!" Er lässt sich erschöpft wieder zurück aufs Bett fallen.

„Na warte, du!", ruft Lola und greift nach dem Kopfkissen, aber diesmal ist Glatze schneller, er rollt sich zur Seite, über die Bettkante, und sackt auf den Fußboden. Da rührt er sich nicht mehr, liegt wie tot da. Stöhnt nur ein bisschen.

„Oh je", jammert Lola und kniet sich neben ihn. „Hat er sich wehgetan, der arme Kleine?" Sie klatscht ihm mit der Handfläche auf die Wange, wie man es bei einem Bewusstlosen macht, pustet ihm ins Ohr, streichelt ihn. Ganz langsam macht Glatze die Augen auf. Lola macht die Augen zu.

„Warte, ich zeig dir was", sagt Glatze schnell und rollt sich unters Bett. „Hier, hab ich noch keinem gezeigt, mein Museum."

Verdammt, denkt er, wenn ich nur wüsste, was sie von mir erwartet. Soll ich sie vielleicht doch einfach küssen? Und dann? Ist sie *deshalb* gekommen?

Glatze schiebt einen Pappkarton vor sich her, bleibt dabei aber halb unterm Bett liegen, nur Kopf und Schultern sind draußen. Lola streicht sich die Haare aus dem Gesicht. Bloß nicht auf ihre Beine gucken, denkt Glatze, cool bleiben …

Vorsichtig hebt er den Deckel. „Mein Museum", murmelt er.

„Muscheln!", ruft Lola und will zugreifen.

„Nicht", warnt Glatze. „Vorsicht!" Er nimmt eine Muschel aus dem Karton, hält sie auf der ausgestreckten Hand wie eine Kostbarkeit. „Das ist ein Kinkhorn. Wenn du es ans Ohr hältst, rauscht es wie alle Ozeane dieser Erde zusammen. Und das …", er hält eine andere Muschel hoch, „das ist eine Schwertmuschel, die kann sich bei Gefahr in ein paar Sekunden senkrecht in den Sand wühlen, zack und weg ist sie."

Lola holt tief Luft. „Glatze", sagt sie und schiebt den Karton zur Seite, „du bist echt süß, aber tu mir einen Gefallen, ja? Komm unterm Bett vor."

„Na gut", meint Glatze, „wenn es sein muss." Er kriecht neben Lola auf den Teppich und kramt schon weiter in seinem Karton. „Hier, das ist was ganz Besonderes, ein Stein mit einem Loch. Habe ich nicht reingebohrt, war schon drin. Den hab ich in Dänemark gefunden, heißt Hühnergott …“

„Glatze“, sagt Lola noch einmal und legt ihm die Hände in den Nacken, „komm mal her, ja?“

Sie macht eine Bewegung, als wollte sie ihn zu sich ziehen, aber Glatze lässt sich wieder zur Seite rollen. Er sieht Lolas Gesicht und weiß, dass er sich wahrscheinlich benimmt wie der letzte Idiot. Da springt er auf, verpasst dem Karton einen Fußtritt, dass die Muscheln quer durchs Zimmer scheppern. „Mensch, was glaubst du eigentlich, was das hier ist? Ich zeig dir mein Museum. Und du?“

„Und ich?“, fragt Lola verblüfft. „Was meinst du?“

Glatze weiß nicht, ob sie jetzt sauer ist, er weiß nur, dass alles irgendwie in die falsche Richtung läuft, nichts ist so, wie es sein sollte. Aber jetzt kann er nicht mehr zurück. „Mann, kapierst du es nicht?“, schreit er los. „Hier bin ich, der letzte echte Eckenlieger, und dann kommst du. Na gut, denke ich, alles okay, vielleicht ist sie die Frau fürs Leben, zeig ich ihr erst mal mein Geheimmuseum und alles – und dann so was! Macht doch alles kaputt, so rein zwischenmenschlich, dafür kennen wir uns noch viel zu wenig, nee, das läuft nicht! Die ganze Schlabberei beim Küssen und dieses Rumgehopse und so, ist doch immer dasselbe, und dann hinterher und so … Nee, brauch ich nicht!“

Jetzt ist Lola eindeutig sauer. Und verletzt. Glatze sieht es an ihren Augen. Aber sie sagt nichts, starrt Glatze nur ins Gesicht.

„Okay“, sagt Glatze schnell, „okay, ein anderes Mal vielleicht. Pass auf, ich erzähl dir noch was. Also Küstenfischerei, klar, ja? Die holen alles aus der Nordsee raus, was drin ist. Und machen Fischmehl draus. Und weißt du, wofür sie das Fischmehl brauchen? Um wieder neue Fische zu züchten. In so riesigen Fischfarmen, hab ich selber gesehen. Da hat ein Lachs ungefähr so viel Platz wie in der Badewanne, Mann, das musst du dir mal vorstellen! Bringt Kohle rüber, so ein Lachs, klar, aber weißt du, was das Irre daran ist? Um zehn Kilo Lachs zu kriegen, brauchen sie dreißig Kilo Fischmehl, kapierst du, das ist doch wohl mehr als bescheuert, Mann! Das … das ist bescheuert, echt, das musst du zugeben!“

„*Du* bist bescheuert“, sagt Lola und drängt sich an Glatze vorbei.

„Warte“, sagt Glatze und will Lola festhalten. „Also, wenn du willst, dann machen wir es eben jetzt. Ist schon okay, ich bin dabei …“

„Aber ich nicht“, sagt Lola heftig. „Und die Frau fürs Leben bin ich schon gar nicht. Nicht für deines jedenfalls. Merk dir das.“

Sie ist raus aus dem Zimmer, Sekunden später hört Glatze die Wohnungstür. Er brütet einen Moment vor sich hin, dann rast er los, reißt die Tür wieder auf. Weiter unten hört er Lolas Schritte. Er beugt sich weit übers Geländer und ruft: „Mensch, Lola, tut mir leid!“ Und noch einmal leiser: „Tut mir wirklich leid.“

„Vollidiot!“, murmelt er dann und schlägt sich mit der flachen Hand vor den Kopf. So blöd kann echt nur einer sein! Das war's dann wohl mit LOLA UND GLATZE und so. Aus. Vorbei. In den Sand gesetzt.

9.

Glatze. Zehn Minuten später. Immer noch im Treppenhaus.

Er stiert den Schacht runter, die Hände ums Geländer gekrallt. Wenn er sich nach vorne beugt, werden seine Knie weich, er hat das Gefühl, als würde ihn etwas nach unten ziehen, als würde er im nächsten Moment abstürzen, als müsste er springen, würde er springen, gleich, kopfüber …

Völliger Quatsch. Er springt nicht, er würde im Übrigen nicht mal bis zum nächsten Treppenabsatz kommen, würde keine zwei Meter fallen, sondern aufschlagen und hängen bleiben. Der Schacht ist viel zu schmal, und überhaupt ist da immer noch das Geländer vor ihm, an dem er sich festklammert, als wäre es sein letzter Halt, die einzige Sicherheit, die ihm bleibt. Trotzdem, er starrt wie gebannt nach unten, kann sich nicht losreißen.

Jemand kommt an die Haustür. Sekunden später klingelt es. Das ist bei ihm! Lola? Glatze rast zum Türdrücker und wieder zurück zum Treppengeländer – das ist nicht Lola, schwere Stiefelschritte, eine Hand auf dem Geländer, ein Ärmel, olivgrün, Bomberjacke. Ratte sagt: „Dachte schon, du wärst nicht da."

„Wo soll ich sonst sein?", fragt Glatze und ist plötzlich richtig froh Ratte zu sehen. Froh, dass er nicht mehr allein überm Treppengeländer hängt, nicht mehr an Lola denken muss, dass irgendwas passiert. Trotzdem cool bleiben, nichts anmerken lassen!

„Man sieht sich ja kaum noch", meint Ratte. „Du hast wohl neuerdings keine Zeit mehr für uns?"

„Quatsch“, sagt Glatze. „Was willst du?“

„Dich holen und ein bisschen auf andere Gedanken bringen“, sagt Ratte. „Falls du nicht was Besseres vorhast“, schiebt er hinterher und grinst anzüglich.

„Du redest zu viel“, sagt Glatze und nimmt seine Jacke vom Garderobenhaken. „Also los, von mir aus können wir.“

Dann sind sie unten, auf der Straße. „Wo wollen wir eigentlich hin?“, fragt Glatze, aber Ratte grinst wieder nur.

Blödmann, denkt Glatze, er ist tatsächlich nichts als ein blöder Wichtigtuer. Und ich renne auch noch hinter ihm her zum nächsten Wichtigtuer, zu Fischer, zum Oberwichtigtuer, als hätte ich nichts Besseres im Kopf.

Aber er hat nichts Besseres im Kopf. Es ist egal, was er macht. Zu Hause rumhängen, MTV, VIVA, Super RTL, alles Scheiße, und das mit Lola, das hat er versiebt, gründlich versiebt. Ist egal. Blöde Ziege.

Ratte nimmt den Weg zum Übungsraum. Kirchengemeinde, im Keller. Ein Pastor, der eigentlich ganz nett ist, aber von nichts eine Ahnung hat. Der macht selber Musik mit Rattes Vater zusammen: Oldie-Band, Rock-'n'-Roll-Gedudel, *A-Wop-bop-a-loo-lop-a-lop-bam-boo* und so, der ganze alte Kram. Und als er gehört hat, dass Glatze und Fischer und Ratte eine Band machen wollen, hat er ihnen den Raum angeboten, hat sich sogar darum gekümmert, dass sie eine Anlage kriegen, alles vom Feinsten, und ein Schlagzeug, das die Daddys nicht mehr brauchen. Die ersten Monate haben sie auch geübt wie die Bekloppten – aber wozu? Sie sollten zum Dank beim Kindergottesdienst spielen, *Jesus war ein Wanders-*

mann, hatte Latschen an und so eine Soße. Und als sie dann voll aufgedreht haben und ihre eigenen Sachen spielen wollten, hat der Alte Schiss gekriegt. „Das können wir nicht machen, Jungs", hat er gesagt. „Ich tu was für euch, dann müsst ihr auch was für mich tun."

Und das war's mal wieder. Bevor es überhaupt richtig angefangen hatte. Klar, manchmal treffen sie sich noch im Keller, aber die Luft ist irgendwie raus. Außerdem kann keiner von ihnen richtig singen, und ohne einen geilen Sänger bist du nichts.

„He, hör mal", versucht Glatze Ratte zu bremsen. „Ich hab keine Lust, Mucke zu machen, was soll das?"

„Cool, Alter", sagt Ratte und schließt die Kellertür auf. „Wirst es gleich sehen."

„Ah, der Frauenheld persönlich", begrüßt Fischer sie. „Welche Ehre!"

„Hör auf", sagt Glatze. „Okay, ich weiß, ihr seid sauer. Aber das müsst ihr auch irgendwie verstehen, ich meine, das konnte doch keiner wissen – ich hab's ja selber nicht gewusst!"

Soll er ihnen auch gleich sagen, dass es schon wieder vorbei ist? Nein. Das geht sie nichts an. Das geht nur Lola und ihn was an. Aber was anderes kann er ihnen sagen, jetzt gleich, dann hat er es hinter sich. „Passt auf", sagt er, „mir ist hier so einiges auf die Eier gegangen in letzter Zeit. Der ganze Scheiß, den wir machen, das bringt irgendwie so nichts."

„O nein", stöhnt Ratte sofort, „nicht schon wieder!"

„Lass ihn ruhig reden", sagt Fischer. „Ist voll interessant. Wirklich." Dann schiebt er sein Gesicht ganz nah an Glatzes. „Klar, wir verstehen dich, Alter, nur haben wir heute keine Zeit, deinem Gelaber zuzuhören. Wir haben was Wichtigeres zu tun."

Glatze macht unwillkürlich einen Schritt zurück, aber Fischer folgt ihm, klebt fast an ihm dran. „Wir wollen rauskriegen, ob du schwul bist oder nicht, deshalb sind wir hier."

„Ob du schwul bist oder nicht", assistiert Ratte von hinten. „Ich bin's jedenfalls nicht und Fischer auch nicht."

„Genau", bestätigt Fischer. „Aber bei dir sind wir uns nicht so sicher", erklärt er weiter und streicht Glatze dabei zärtlich über den Arm und den Rücken rauf. Er sieht ihn nicht an dabei, nur seine Stimme wird leiser, schmeichelnd: „Ist doch eigentlich auch nichts dabei, kann vielleicht sogar ganz schön sein, ich meine, kann man ja vorher nicht wissen, oder?"

„Er wird rot! Er kriegt voll die Bombe!", schreit Ratte los.

„Aber …", stottert Glatze hilflos; dann wehrt er sich: „Ich bin nicht schwul!" Er schreit es fast, aber er weiß im gleichen Moment, dass das nun wirklich so ziemlich das Blödeste war, was er sagen konnte.

Fischer und Ratte krümmen sich vor Lachen. „Ich bin nicht schwul", macht Fischer ihn nach, tuntig. „Nein, ich doch nicht!"

„Ach du, hör auf", prustet Ratte mit Fistelstimme, „mir wird ja ganz heiß!"

„Leckt mich", sagt Glatze und will zur Tür.

Ratte tänzelt um Glatze herum. „Leckt mich, hat er gesagt, leckt mich, hast du gehört?!"

Fischer versperrt Glatze den Ausgang. „Mann, du glotzt ja wie ein Auto. War doch bloß ein Witz, wissen wir doch, dass du nicht schwul bist. Hast ja jetzt auch eine Alte und so, ist doch klar. Aber den Test wirst du trotzdem geil finden!"

„Was denn für einen Test?", fragt Glatze, obwohl er es eigentlich gar nicht wissen will. „Was ist überhaupt los mit euch? Was wollt ihr?"

„Nichts", sagt Fischer, „gar nichts ist los mit uns. Wir wollen nur ein bisschen Spaß. Und deshalb machen wir jetzt alle den Test."

„Den Schwulentest!", meldet sich Ratte wieder zu Wort. „Und wer nicht mitmacht, der ist ... "

„Schwul", ergänzt Fischer und boxt Glatze grinsend vor den Bauch. „Aber es wird dir gefallen, Alter, verlass dich drauf. Ist besser als jedes Tattoo und alles. Los, Ratte, zeigen wir's ihm!"

Fischer schiebt sich den Jackenärmel hoch, drückt sich mit dem Rücken an die Wand und hält Ratte den ausgestreckten Arm mit der geballten Faust entgegen, Handrücken nach oben. Er schließt die Augen. „Okay, los jetzt."

Glatze weiß selbst nicht, warum er nicht endlich abhaut, aber er starrt Fischer und Ratte an, als würde er sie zum ersten Mal sehen, starrt und steht wie festgewachsen da.

Ratte packt Fischers Faust, dann fängt er an mit den Fingernägeln über Fischers Handrücken zu reiben, genau auf der Ader, immer hin und her, immer schneller.

„Erst merkst du gar nichts", erklärt Fischer, die Augen geschlossen. „Nur so ein komisches Gefühl. Es brennt ein bisschen, dann fängt es an wehzutun, aber du musst durchhalten, bis Blut kommt. Gibt eine geile Narbe, weil natürlich Dreck unter den Fingernägeln ist, das heilt schlecht, Eiter und so, aber die Narbe ist der Beweis!"

„Was für ein Beweis?", fragt Glatze.

Und Ratte antwortet schwer atmend, ohne aufzublicken: „Dass du nicht schwul bist, eben! Ein Schwuler würde das nie durchhalten, kapierst du nicht?"

„Scheiße", sagt Glatze und löst sich endlich aus seiner Erstarrung. Er dreht sich um und rennt weg. Mit einem dumpfen Schlag fällt die Eisentür hinter ihm ins Schloss.

Lola, Zettel Nr. 30

Glatze hat einen Knall. Ich bin echt stinksauer auf ihn. Ich gehe hin, weil ich ihn sehen will und weil ich mich drauf freue, ihn zu sehen. Und erst ist auch alles ganz okay.
Irgendwie ein bisschen komisch zwar, jedenfalls anders als sonst.
Vielleicht, weil ich zum ersten Mal mit ihm alleine war. Richtig alleine.
Aber dann ist er voll durchgeknallt. Ich weiß überhaupt nicht, was er gedacht hat, weshalb ich ihn besuche. Hat er vielleicht gedacht, ich will gleich mit ihm ins Bett – rein ins Zimmer, Klamotten runter und los?
Was war das für eine schwachsinnige Show, die er da abgezogen hat? Und was sollte überhaupt der Spruch: Er hätte geglaubt, ich wäre die Frau fürs Leben? Ich kapier es einfach nicht.
Das Einzige, was ich mir vorstellen könnte, ist, dass er irgendwie Schiss hatte. Und das wäre ja schon fast wieder okay. Aber dann muss er zumindest lernen, dass ich blöde Sprüche tödlich finde. Verrückte Geschichten ja, und totalen Quatsch und alles, aber keine blöden Sprüche, da werde ICH nämlich sauer!
Ich bin nur gespannt, ob er mich jetzt anruft. ICH rufe nicht an!

Lola, Zettel Nr. 31

Sendepause. Totale Funkstille. Seit zwei Tagen schon. Verdammter Mist, ich weiß gar nicht, was ich machen soll.

Lola, Zettel Nr. 32

Habe heute drei Stunden Klavier gespielt! Aber es hat keinen Spaß gemacht. Ich habe nur wie bekloppt losgehämmert, die Schummeltaste bis zum Fußboden durchgetreten – Lärm!
Dann habe ich mir den Bass von meinem Vater genommen. Und voll losgelegt, bis die Boxen geschеppert haben. Und die Nachbarn geklingelt und gefragt haben, ob sie die Polizei holen sollen oder lieber gleich einen Krankenwagen.
Wenn wenigstens Sophie oder Lydia da wären. Aber Sophie amüsiert sich wahrscheinlich prächtig mit irgendwelchen Kitesurfern! Und Lydia hat sich längst mit allem arrangiert und ist jetzt Animationsassistentin für Schaumpartys oder so.

10.

Glatze. Zu Hause, ein paar Tage später, am Vormittag.

Seine Mutter liegt auf dem Sofa und löst Kreuzworträtsel. Sie hat erklärt, dass sie sich beschissen fühlt. Da geht es ihr nicht alleine so, denkt Glatze. Ansonsten weiß er nicht, was sie hat. Fragt auch nicht. Vielleicht Grippe. Jedenfalls hustet sie wie bescheuert, raucht aber trotzdem.

Glatze macht die Terrassentür auf. Ein bisschen frische Luft. Aus den Augenwinkeln sieht er, dass seine Mutter ihn beobachtet. Wahrscheinlich sollte ich jetzt irgendwas mit ihr reden, denkt Glatze, aber was?

Für einen Moment zögert er, bleibt zwischen Sofa und Wohnzimmertür stehen, will fragen, ob sie sich nicht einen heißen Tee machen will oder so, doch da angelt sie sich schon eine neue Zigarette vom Tisch und sucht gleichzeitig ihr Feuerzeug. Glatze entdeckt es unterm Sofa, er bückt sich und reicht es ihr. Jetzt lächelt sie ihn an. „Danke."

„Bitte", sagt Glatze, guckt schnell weg und verschwindet in sein Zimmer. Er zieht die Tür zu, wirft sich quer aufs Bett und fühlt sich lausig. Verdammt, denkt er dann, jeder muss sehen, wie er alleine klarkommt. Und er hat genug Probleme, er kann sich nicht auch noch um seine Mutter kümmern! Aber er weiß auch, dass er nicht fair ist, und das nervt ihn.

Klar wäre es gut, wenn sie irgendwas miteinander reden könnten. Nur: Wenn sie reden, tut sie bestimmt gleich wieder so, als hätte er von nichts eine Ahnung – dabei ist *sie* es, die keine Ahnung hat! Sieht man ja, vor allem wenn es um sie und den Alten geht.

Na, dann also ohne Reden. Glatze zieht sein Handy aus der Hosentasche und starrt auf das Display, ohne etwas zu sehen. Mist, er kriegt die Szene im Übungsraum nicht aus dem Kopf. Hat heute Nacht sogar davon geträumt. Keine Ahnung, was mit Fischer und Ratte los ist. Doch. Es gibt ganz einfach nichts mehr, was sie gemeinsam haben. Außer dass sie alle drei nicht wissen, was sie anfangen sollen mit ihrem Leben. Das ist nicht gerade viel. Und das andere – einer für alle und alle für einen –, alles Quatsch. Es läuft sowieso immer auf das Gleiche raus: Jeder muss sehen, wie er alleine klarkommt. Genau wie bei ihm und seinen Alten. Oder wie bei ihm und Lola.

Aber warum hat er dann ständig das Gefühl, dass er unbedingt mit Lola reden will? Deshalb zieht er ja auch alle paar Minuten das Handy aus der Tasche. Falls sie inzwischen angerufen hat. Oder ihm eine Nachricht geschickt hat. Und er nur zufällig den Klingelton nicht gehört hat. Aber es gibt keine Nachricht.

Egal, denkt Glatze, jetzt oder nie! Er tippt ein paar Ziffern, die Nummer kennt er auswendig – verdammter Mist, besetzt. Vielleicht versucht sie ja gerade, ihn anzurufen.

Quatsch. Trotzdem drückt er schnell die rote Taste. Und fährt zusammen, als es im gleichen Moment klingelt. Das kann nicht sein. „Ja …?“, sagt er leise.

„Bist du das, Glatze?“

Lola! Sie ist es wirklich! Glatze springt auf und setzt sich gleich darauf mit weichen Knien wieder auf die Bettkante. „Ja, ich bin’s.“

„Gut“, sagt Lola, „gut, dass du dran bist.“

Weiter sagt sie nichts, und Glatze weiß auch nicht, was er sagen soll, sitzt nur so da und fühlt sich nicht mal komisch. Als wäre es ganz normal, dass zwei Leute miteinander telefonieren und nichts sagen. Dann hört er wieder Lolas Stimme, ziemlich nah, und er weiß, dass sie sich gerade eine Haarsträhne aus der Stirn streicht. „Ich wollte nur sagen …“, sagt Lola. „Also nicht, dass du denkst, ich wäre noch sauer oder so, das heißt, ich bin's, aber … das Ganze tut mir leid, okay? … Verdammt, Mann, du hättest eigentlich auch mal anrufen können, oder? Muss ja nicht immer ich sein! Und überhaupt, schließlich warst du es, der …“

Ich wollte dich längst anrufen, will Glatze sagen, die ganze Zeit schon. Aber er sagt nichts. Er hält nur sein Handy in der Hand und ist weit weg, sieht die steile Falte zwischen Lolas Augenbrauen, weiß, dass ihre Augen jetzt mehr grau als grün sind – bis Lola fragt: „Sag mal, hörst du mir noch zu?“

„Was? Was hast du gesagt?“, fragt Glatze.

„Oh Mist, das gibt's doch überhaupt nicht!“, ruft Lola. „Ich brech mir hier einen ab und du, du hörst noch nicht mal zu!“ Aber dann fängt sie an zu kichern. „Du spinnst!“

Und Glatze muss auch kichern. „Stimmt.“

„Allerdings“, sagt Lola.

Und dann fängt Glatze plötzlich an zu reden. „Gut, dass du anrufst“, sagt er. Und sowieso, dass es ihm auch leidtut, alles, und dass er sich echt freut und dass er die ganze Zeit nicht gut drauf war, aber jetzt geht's ihm gleich viel besser. Und dann erzählt er Lola die Geschichte mit Fischer und Ratte und dass seine Mutter nur auf dem Sofa rumhängt und dass eigentlich alles zum Kotzen ist, aber irgendwie auch wieder nicht, weil sie, Lola, ja jetzt angerufen hat und weil er mit ihr redet, und dann verheddert er sich endgültig und hätte fast gesagt: Ich liebe dich.

Genau da sagt Lola: „Ich mag dich, Glatze, wirklich."

Für einen Moment hält Glatze die Luft an. Er glaubt, dass er gleich irgendwas völlig Verrücktes macht, aus dem Fenster fliegt oder so, weit weg ins All mit dem Handy am Ohr, als einzigem Kontakt zur Erde.

„Hast du diesmal gehört, was ich gesagt habe?", fragt Lola.

„Ja, habe ich", sagt Glatze, aber es klingt eher wie ein heiseres Krächzen. Er räuspert sich. „Hab ich, klar." Und aus heiterem Himmel fragt er und will es eigentlich gar nicht fragen, fragt aber trotzdem: „Sag mal, stört es dich eigentlich gar nicht, ich meine, die Glatze und so, wie ich aussehe … Ich meine, also irgendwie sehe ich ja wirklich ein bisschen anders aus …"

„Nicht nur ein bisschen", sagt Lola. „Aber es stört mich nicht, echt nicht."

„Glaub ich nicht", sagt Glatze.

Warum ist er nicht einfach still, warum gibt er sich nicht mit Lolas Antwort zufrieden? Im nächsten Moment schon würde er eine ganze Menge dafür geben, nicht noch mal nachgebohrt zu haben, aber da redet Lola bereits weiter: „Okay, es hat mich schon gestört, zu Anfang jedenfalls. Oder was würdest du wohl zu einem sagen, der plötzlich mit einer Glatze ankommt. Und dann hörst du auch noch, dass er kein blöder Neonazi geworden ist. Was sagst du dann? Sieht echt scheiße aus, aber ich weiß, dass du nichts dafürkannst? Tut mir echt leid und so, und wenn du willst, können wir ja mal zusammen weggehen, bloß damit du nicht denkst, ich hätte Angst, mich anzustecken? Nee, da habe ich lieber gar nichts gesagt. Bis neulich am Baumarkt, als du einfach über die Straße gelatscht bist, als wärst du Jesus, der gerade in der Großstadt spazieren geht. Und dann …"

„Und dann?", fragt Glatze und holt tief Luft.

„Und dann waren wir zusammen weg."

„Und?"

„Und … nee", sagt Lola, „alles musst du nun auch nicht wissen."

„Ich will es aber wissen", beharrt Glatze.

„Ich sag es dir aber nicht", sagt Lola. „Und außerdem hab ich es dir längst gesagt", setzt sie hinzu, „gerade vorhin. Reicht das nicht?"

„Doch", sagt Glatze und nickt. LOLA UND GLATZE. GLATZE UND LOLA. „Doch, irgendwie schon." Und er schiebt noch nach: „Übrigens, falls die Haare irgendwann wiederkommen, dann lass ich sie mir bis zum Arsch wachsen, versprochen."

„Geil", sagt Lola und kichert.

„Wollen wir uns nicht mal wieder treffen?", fragt Glatze.

„Klar", sagt Lola, „sonst wäre das ganze Gequatsche ja umsonst gewesen."

„Und wann?", will Glatze wissen. „Morgen vielleicht? Oder jetzt gleich?"

„Mal sehen", sagt Lola. „Ich ruf dich wieder an, ja?"

„Okay", sagt Glatze, „voll okay."

Lola hätte ebenso gut „nächste Woche" oder „in einem Jahr" sagen können, Glatze hätte es trotzdem okay gefunden und am liebsten würde er sein Handy küssen, aber das wäre nun wirklich zu blöd, auch wenn es keiner sieht. Also bleibt er einfach nur auf der Bettkante sitzen und grinst still vor sich hin. Fühlt sich wie beide Klitschko-Brüder zusammen. Alles ist wieder gut. Alles wird gut.

Lola, Zettel Nr. 33

Nachdem wir uns gestritten haben, ist es jetzt viel besser. So als wäre irgendwie alles klarer.
Also, Glatze erzählt immer noch seine verrückten Geschichten und das ist auch gut so, aber wir reden auch über andere Sachen. Wir reden über ALLES.
Mann, ich bin ganz schön durcheinander. Ich weiß überhaupt nicht mehr, was ich eigentlich will. Von Glatze, meine ich.
Ich glaube, es wird ernst!

Lola, Zettel Nr. 34

Chaos!

Lola, Zettel Nr. 35

Glatze sagt, man müsste irgendwas machen, was noch keiner gemacht hat. Bloß was?

Lola, Zettel Nr. 36

Es müsste irgendein Land geben, wo man in Ruhe und ungestört darüber nachdenken kann, was überhaupt einen Sinn macht. Bis man selber eine Lösung gefunden hat.

Lola, Zettel Nr. 37

Ich würde gerne was machen, was irgendwie mit mir selbst zu tun hat. Wozu man meinetwegen auch Mut braucht oder so, aber es muss was mit mir zu tun haben, sonst bringt es nichts.
So einen Scheiß, wie Fischer macht, das kann jeder. Aber hinterher ist es dann egal, ob du es gemacht hast oder nicht. Weil es nichts bedeutet. Überhaupt nichts. Weil du es nur machst, weil dir sonst nichts einfällt.
Ich muss mit Glatze darüber reden.

Lola, Zettel Nr. 38

Glatze sagt, er will auf keinen Fall so werden wie seine Alten. Kann ich gut verstehen.
Über meine Eltern kann ich mich eigentlich nicht wirklich beschweren. Sie nerven zwar auch oft, vor allem, wenn sie wieder mal an mir rumerziehen wollen. Aber ich glaube, sie würden selber gerne vieles anders machen, nur wissen sie nicht, wie sie es hinkriegen sollen.
Richtig daneben finde ich jedenfalls die Typen, die nur rumhetzen, um haufenweise Geld zu raffen für eine neue Karre oder eine Angebervilla – das sind die totalen Hohlköpfe, meine ich!
Also klar, ich will auch mal Geld haben, aber ich will vor allem auch irgendwas machen, wovon ich weiß, dass ich es nicht nur mache, um Geld zu haben.

Lola, Zettel Nr. 39

Bin heute mit Glatze Bus gefahren. Einfach nur so. Hin und her. Ohne zu bezahlen. Es war total komisch. Als wir unter der Autobahnbrücke durch sind, ist er plötzlich völlig nervös geworden und hat irgendeinen Quatsch erzählt und dabei immer versucht, sich so vors Fenster zu setzen, dass ich nicht rausgucken konnte. Dabei weiß ich schon die ganze Zeit, dass er LOLA UND GLATZE! auf die Pfeiler gesprüht hat. Ich habe aber nichts gesagt.
Langsam glaube ich trotzdem, wir müssen mal darüber reden. Vor allem, weil ich Schiss kriege, dass er sich wirklich tierisch in mich verknallt. Und ich brauche nicht schon wieder so einen Krampf wie im Winter mit Alex. Als der mir eine Liebeserklärung gemacht hat, hat er auch gleich geglaubt, dass ich jetzt so was wäre wie sein Eigentum, dass ich ihm gehören würde oder so, wie irgendein Teil, das er sich ins Regal stellen kann. Bescheuert.
Ich hoffe bloß, Glatze ist anders.

Lola, Zettel Nr. 40

Glatze, immer nur Glatze! Ich weiß gar nicht, was los ist. Als ob Glatze plötzlich das Einzige wäre, was überhaupt noch wichtig für mich ist. Quatsch!

Lola, Zettel Nr. 41

Glatzes neueste Idee: Wir könnten einen Reifenhandel aufmachen, direkt neben einem Viertel, wo lauter Millionäre wohnen. Und dann spazieren wir abends zwischen den Villen lang und zerstechen den Millionären ihre Reifen und am nächsten Morgen kommen sie zu uns und wir verkaufen ihnen neue. „Dauert nicht lange", hat Glatze gesagt, „und wir sind selber Millionäre."
Nur blöd, dass er das erzählt hat, als ich gerade den Mund voller Pommes mit Mayo hatte. Ich hab jedenfalls vor Lachen die ganze Ladung quer über den Tisch in der Dönerbude gespuckt. Und natürlich haben sie uns wieder rausgeworfen. Aber was soll's, wenn wir erst mal Millionäre sind, kaufen wir die Bude ja sowieso.

Lola, Zettel Nr. 42

Fischer ist verunglückt! Er ist nachts über die Autobahn gerannt, quer rüber. Wie es genau passiert ist, weiß keiner, aber irgendein Auto muss ihn erwischt haben, am Bein oder so, hat aber nicht angehalten, sondern ist einfach weitergefahren! Und Fischer hat die halbe Nacht bewusstlos auf dem Mittelstreifen rumgelegen, bis heute Morgen. Und dann kam gleich der Rettungshubschrauber und alles! Es war fast zu spät: Er lebt zwar noch, aber sie müssen ihm das Bein abnehmen oder mindestens den Fuß, was weiß ich. Glatze hat gerade angerufen, er ist total fertig. Ich weiß nicht, was ich dazu sagen soll, ich meine, bei Fischer musste so was ja mal passieren – aber trotzdem.
Ich werde nicht heulen, nicht wegen Fischer.
Und außerdem lebt er ja noch.
Verdammte Soße.

11.

Lola und Glatze. Staub und Stille und schattenlose Hitze.

Glatze hockt auf den Treppenstufen zum Garagenhof, den Kopf nach unten, die Hände auf den Knien. Wie sein eigener Großvater.

Lola verpasst ihm einen Rippenstoß. „Mann, hör schon auf, ja?“

Keine Reaktion. Lola kickt eine leere Coladose über die Betonplatten, dann schreit sie Glatze an: „Er *ist* nicht tot, kapierst du?“

Glatze blickt hoch. Laut sagt er: „Und wenn er doch noch stirbt?“

„Hör auf, er stirbt nicht, das weißt du ganz genau!“

„Er war mein bester Freund“, sagt Glatze.

„Haha“, macht Lola und schlägt mit den Fäusten gegen ein Garagentor. „Ausgerechnet.“

„Aber es stimmt“, beharrt Glatze, „mein bester Freund. Ich kenne ihn schon seit der ersten Klasse.“

Lola sieht Glatze einen Moment in die Augen. Bis er ihrem Blick ausweicht. „Vergiss es“, sagt sie. „Du hättest ihn nicht davon abhalten können, selbst wenn ihr früher wirklich mal Freunde wart. Also hör auf damit.“

Sie hockt sich neben Glatze. Sehr dicht, sodass ihre Arme sich berühren.

„Er hat demnächst ein Bein weniger, kapierst du nicht“, sagt Glatze und streckt seine eigenen Beine weit von sich. Er betrachtet sie, als würde er sie zum ersten Mal sehen, bewegt dann erst das linke, dann das rechte. „Ist nichts mehr mit rumrennen. Kannst du vergessen.“ Und leise:

„Glaubst du, dass man mit einer Prothese Porsche fahren kann?"

Lola legt Glatze den Arm um die Schultern. Glatze spürt, wie er sich verkrampft. Er will aufstehen, weggehen. Dann lässt er sich gegen Lola fallen, schlaff, willenlos. Hoffentlich fängt er jetzt nicht an zu heulen, verdammte Soße, aber eigentlich ist es auch egal. Es ist egal. Am liebsten würde er für immer so sitzen bleiben. Nichts mehr sehen, sich um nichts mehr kümmern müssen.

Lola ist ganz still. Sie hält ihn nur, sagt kein Wort. Bis sein Arm einschläft. Er versucht die Fingerspitzen gegeneinanderzupressen, spürt nicht mehr als ein dumpfes Kribbeln, wie betäubt, man könnte mit einer Nadel reinstechen.

„Was glaubst du, wie es ist, wenn du tot bist?", flüstert Glatze.

„Dann merkst du nichts mehr", flüstert Lola zurück.

Glatze macht sich los. „Weiß ich, Mann, aber wie ist das? Ich meine, wenn du nichts mehr merkst – liegst du dann einfach nur so rum und hast selber keine Ahnung davon?"

„Keine Ahnung."

Ein Hubschrauber donnert über die Hochhäuser. Die Garagentore zittern, dumpf hallt das Geräusch der Rotorblätter vom nackten Beton wider. Staub wirbelt hoch.

„Ich geh nach Hause", sagt Glatze. „Ich hau mich hin."

„Okay", sagt Lola und küsst ihn leicht auf die Wange. „Wenn was ist, komm rüber, ich bin da."

Lola, Zettel Nr. 43

Das ist doch bescheuert, du denkst, du hast ein ganzes Leben, aber ein ganzes Leben ist vielleicht gar nicht viel. Und dann bist du tot. Aber was heißt das? Was ist dann? Nichts? Kann ich mir nicht vorstellen. Kann keiner. Ist es einfach wie schlafen, nur ohne zu träumen? Oder träumt man? Weiß man, dass man gelebt hat? Und kriegt man irgendwie noch mit, was nach einem passiert? Oder ist es wirklich vorbei, so als wärst du nie da gewesen?
Je länger ich darüber nachdenke, desto mehr Panik kriege ich. Es gibt noch so viel, was ich machen möchte.

12.

Glatze. Später am Abend, im Hauseingang bei Lola.

Die Gegensprechanlage knackt. „Siebter Stock“, meldet sich Lolas Stimme. „Damenunterwäsche, Fahrradreifen, Delikatessen …“

Glatze ignoriert den Fahrstuhl, nimmt immer zwei Stufen auf einmal; als er oben ist, kriegt er kaum noch Luft.

„Komm rein“, sagt Lola.

„Und deine Alten?“, will Glatze keuchend wissen.

„Sind bis morgen weg“, sagt Lola und zieht ihn in den Flur. „Irgendeine Party.“

„Wieso überhaupt Fahrradreifen?“, fragt Glatze.

„Wieso nicht?“, antwortet Lola. Dann will sie wissen: „Warst du im Krankenhaus?“

„Ja“, sagt Glatze, „aber sie haben mich nicht zu ihm gelassen. Weil wir nicht verwandt sind.“ Mehr will er nicht sagen, er will auch nicht mehr an Fischer denken, jetzt nicht jedenfalls.

„Ich war lange nicht mehr hier“, stellt er fest und sieht sich um. „Irgendwas Neues?“

„Sechs Jahre“, sagt Lola.

„Fünf“, sagt Glatze. „Ich hab nachgerechnet. Fünf Jahre, drei Monate und dreizehn Tage. Als du elf geworden bist. Es gab Erdbeerkuchen.“

„Und Kakao“, sagt Lola.

„Heißen Kakao“, grinst Glatze. „Ich hab mir den ganzen Mund verbrannt.“

„Ach je, du Ärmster“, sagt Lola und streicht Glatze mit dem Handrücken übers Gesicht. „Aber ich weiß auch noch was: Du hattest einen Anzug an!“

„Waaas?", macht Glatze. „Glaub ich nicht. Hab nie einen Anzug gehabt."

„Doch", sagt Lola, „eine karierte Hose und ein kariertes Jackett. Und dazu so was wie eine Baseballcap, nur größer. Und auch kariert natürlich. Wie in einem amerikanischen Gangsterfilm von früher."

„Ach du Schande", sagt Glatze entsetzt. „Echt?"

„Echt", bestätigt Lola. „Sah richtig klasse aus ..."

„Hör auf", stöhnt Glatze und hält sich die Ohren zu. Im nächsten Moment schreit er: „Hey, was ist das denn?" Er zeigt ins Wohnzimmer. „Das habt ihr aber damals noch nicht gehabt. Mann, das sieht scharf aus."

Unter der Wohnzimmerdecke hängt ein Fallschirm, sorgfältig über Drahtseile gespannt, an der Reißleine baumelt eine nackte Glühbirne.

„Mein Vater", meint Lola achselzuckend. „Hat er schon letzte Weihnachten zusammengefummelt, war von irgendeiner Anzeige, die er gemacht hat."

„Ich find es gut", erklärt Glatze.

„Klar", sagt Lola, „du hast schon recht. Ist immer gut, wenn sie was machen."

Sie sieht Glatze an. „Komm, ich zeig dir mein Zimmer."

Als Erstes sieht Glatze Lolas Bett, so groß, dass mindestens drei Leute bequem nebeneinanderliegen könnten und ein Vierter noch quer am Fußende. Glatze guckt schnell woanders hin. Ein bunt bemalter Holztisch, übersät mit allem möglichen Krimskrams. Bücher, Hefte, ein Stapel mit Zetteln, Postkarten, mittendrin ein Farbeimer. Keine Plakate an den Wänden, aber ...

„Mann", sagt Glatze fast ehrfürchtig, „ist das deine Wand? Von der du mir erzählt hast?"

Lola nickt.

„Steht auch was über mich da?", will Glatze wissen. „Ich meine, hast du auch was über mich geschrieben?"

„Klar hab ich auch was über dich geschrieben", sagt Lola. „Jede Menge sogar."

„Und was?", fragt Glatze.

„Du kannst es lesen", sagt Lola und setzt sich auf die Bettkante.

Glatze geht näher zur Wand. Aber dann dreht er sich wieder um zu Lola und grinst ein bisschen verlegen. „Lieber nicht", sagt er. „Ich glaub, ich will es lieber gar nicht wissen."

„Auch gut", meint Lola.

Und Glatze steht mitten im Zimmer und sagt: „Hab ich dir eigentlich schon meine Theorie erzählt, warum ich glaube, dass alle Bäume wegmüssen und nur Autos hin?"

„Hast du", sagt Lola und stützt ihr Kinn auf die Hände. „Aber erzähl es ruhig noch mal."

13.

Lola und Glatze. Auf Lolas Bett, zwei Stunden später.

Sie küssen sich. Mit den Fingerspitzen streicht Glatze über Lolas Stirn, über die Schläfe, den Hals hinunter bis zur Schlüsselbeingrube. „Wünschelknochen", sagt er. „Die Indianer haben geglaubt ..."

Lola legt ihren Zeigefinger auf Glatzes Lippen und schließt die Augen. Glatze legt eine Hand auf Lolas Brust. Lola kommt ihm ein Stück entgegen, bis seine Hand ihre Brust ganz umschließt. Glatze drückt seinen Mund dicht an Lolas Hals. „Und wenn sich zwei Indianer getroffen haben, dann haben sie sich ihre Träume erzählt. Verstehst du, sie haben nicht gefragt, was machst du oder wie viel Geld verdienst du oder so, sondern sie haben sich erzählt, was sie geträumt haben. Mann, stell dir das mal vor, da treffen sich zwei Typen, mit Anzug und allem, im ICE oder so, legen ihre Aktenkoffer vor sich auf den Tisch und erzählen sich ihre Träume. Irre!"

„Ich träume jede Menge", sagt Lola leise. „Und vielleicht erzähle ich dir irgendwann mal was davon."

„Erzähl es mir jetzt", sagt Glatze.

„Nicht jetzt." Lola schüttelt den Kopf und streichelt Glatze überall – bis ihm fast schwindlig wird und er sich an Lola festhalten muss und nur noch seinen Herzschlag hört und Lolas Hände auf seiner Haut spürt, ihren Mund, ihre Lippen.

Und eigentlich ist es ganz einfach, wie selbstverständlich, als wäre es immer schon so gewesen.

Und dann liegt Glatze neben Lola und weiß nicht, was er sagen soll. Am liebsten würde er „danke" sagen, aber ...

„Schööön“, sagt Lola. Doch als sie Glatzes Gesicht sieht, streicht sie sich die Haare zurück und sagt: „Was ist los? Was hast du gedacht – dass die Erde einstürzt? Es ist doch nichts weiter passiert, als dass … na, du weißt schon, und das passiert tausendmal jeden Tag, ach was, bestimmt noch viel öfter. “

Lola richtet sich auf und streicht zärtlich über Glatzes Gesicht. Beugt sich plötzlich vor, dass ihre Brüste wippen, reibt ihre Nase an seiner und lacht. „Komm, ich weiß was. Ich koch dir was!“

Sie springt auf und läuft zur Küche. Glatze angelt hastig seine Unterhose unter der Bettdecke hervor, danach die Jeans. Dann hockt er auf der Bettkante, hat Füße wie Eis und schwitzt trotzdem, als wäre er gerade 10 000 Meter in mörderischer Hitze gelaufen. Irgendwie ist das totale Chaos in seinem Kopf und doch ist alles okay. „Schööön“, hat Lola gesagt. Glatze grinst.

„Ich hab Hunger!“, ruft er zur Küche rüber.

„Ist schon fertig!“, ruft Lola zurück und kommt mit einem voll beladenen Tablett durch die Tür. „Sie hatten Frühstück bestellt?“

„Was ist das denn?“, fragt Glatze und starrt auf das Tablett: zwei Tassen mit Untertasse, Teekanne, Glas mit Kandiszucker.

Lola kichert. „Ich hab gesagt, ich koch dir was. Hier, ich hab dir Tee gekocht. Aber pass auf, ist heiß“, kriegt sie gerade noch raus, dann muss sie das Tablett absetzen, das Lachen kommt irgendwo tief aus ihrem Körper. Sie wirft sich neben Glatze aufs Bett.

Ganz cool gießt Glatze den Tee auf seine Untertasse, schlürft, pustet, bis auch er das Lachen nicht mehr unterdrücken kann. Der Tee schwappt über. Lola leckt ein Stück Kandis an und schiebt es Glatze zwischen die Lippen.

„Ich hab dir ein Gedicht gemacht“, sagt Glatze.

„Geil“, sagt Lola und hockt sich im Schneidersitz vor ihn hin. „Ich hoffe, es reimt sich.“

„Vielleicht“, meint Glatze und sie müssen schon wieder lachen.

„Also los, fang an“, sagt Lola. „Ich will dir rote Rosen schenken und immer an dich denken ...“

Aber stattdessen lässt sich Glatze rückwärts aufs Bett fallen. Er liegt ganz still, als würde er schlafen. Bis Lola ihm mit dem Zeigefinger über die Brust fährt. „He, du alter Eckenlieger, ich warte!“

Da räuspert sich Glatze und sagt: „Ich würde dir glatt die Sonne schenken. Und den Mond gleich noch dazu.“

„Und?“, fragt Lola.

„Nichts und“, sagt Glatze. „Das ist das Gedicht.“

„Das ist das Gedicht?“, fragt Lola erstaunt und kichert wieder. „Ein bisschen kurz, oder?“

„Na gut“, sagt Glatze, „wenn du willst, schenk ich dir noch eine Sternschnuppe dazu. Meinetwegen auch einen ganzen Sack voller Sternschnuppen. Und wenn du dich abends alleine fühlst, holst du dir einfach eine raus und lässt sie durchs Zimmer zischen. So.“

Glatze lässt seine Hand in einer schnellen Bewegung vor Lolas Gesicht vorüberwischen und dann im Kreis um Lolas Kopf herum und gleich noch mal. Und dann beugt er sich vor und küsst Lola. Und Lola hält Glatze fest und sieht ihm direkt in die Augen und sagt: „Die Sonne. Und den Mond. Und einen Sack mit Sternschnuppen.“

Lola, Zettel Nr. 44

Ich weiß nicht, ob ich verliebt bin. Ich weiß gar nichts mehr. Ich meine, wenn man verliebt ist, muss es einem doch total gut gehen, oder? Aber ich bin nur noch durcheinander. Klar, ich mag Glatze unheimlich gern, aber ich hab irgendwie auch Schiss, was jetzt wird. Früher habe ich gedacht, wenn ich mich mal richtig verliebe, dann ist das gleich für immer und ewig und so. Jetzt glaube ich, das will ich gar nicht. Es macht mir Angst.
Zu Anfang war es einfach nur witzig mit Glatze. Irgendwie aufregend. Aber eben nur so. Und ich wollte mich auch gar nicht verlieben. Ich fand es gut, wie es war. Aber vielleicht bin ich ja auch gar nicht verliebt.

Lola, Zettel Nr. 45

Ich bin
verliebt!!!

Lola, Zettel Nr. 46

Ich denke nur noch an Glatze. Die ganze Zeit. Ich bin voll verknallt! Und ich latsche durch die Gegend, als hätte ich nicht alle Tassen im Schrank. Meine Eltern haben es auch schon gemerkt.
Aber das Verrückteste ist, dass ich es gut finde.

Lola, Zettel Nr. 47

Wenn ich eine Sängerin wäre, würde ich jetzt jede Menge Songs schreiben. Garantiert. The first thing when I wake up is thinking of you, the last thing when I'm drifting off … und so weiter. Allerdings wäre das auf die Dauer wahrscheinlich auch ziemlich langweilig.

Lola, Zettel Nr. 48

Ich habe ein Gedicht gelesen über einen Hund, der sich von der Kette gerissen und dann auf einem Blumenbeet schlafen gelegt hat.
Vielleicht schreibe ich es für Glatze ab. Ich könnte ja behaupten, dass es von mir ist.

Lola, Zettel Nr. 49

Heute war ich mit Glatze beim Angeln!
Ich habe es im ersten Moment selber nicht geglaubt, als er heute Morgen um sieben plötzlich vor der Tür stand. Sooo ein Grinsen im Gesicht und mit Anglerhut und so einer bescheuerten Weste mit tausend Taschen und Gummistiefeln bis über die Knie.
Ich hab gedacht, es haut mich aus den Latschen! Mein Vater war gerade im Badezimmer und meine Mutter hat noch gepennt, als es geklingelt hat, also bin ich zur Tür, um aufzumachen. Es war Glatze, der mich zum Angeln abholen wollte!!! „Frühstück kannst du dir schenken", hat er gesagt. „Ich hab alles dabei."
Ich glaube, der Busfahrer hat echt einen Moment überlegt, ob er nicht lieber einen Streifenwagen holen soll, als wir eingestiegen sind. Aber Glatze hat ihn von vorne bis hinten zugelabert – dass er nur mit Fliegen fischen würde und lauter so ein Zeug und ob der Busfahrer überhaupt wüsste, dass nicht die „Flying Ross" die beste Fliege von allen wäre, sondern natürlich die „Beautiful Lola". Und ich hab mich weggekichert. Und hab immer gedacht, wenn Lydia oder Sophie mich jetzt sehen könnten, würden sie voll die Krise kriegen.
Wir sind bis zur Endstation und dann ewig über die Felder gelatscht. Glatze hat ganz schön geflucht wegen der Gummistiefel. Der Fischteich war dann überhaupt kein richtiger Fischteich, sondern mehr ein Moorloch mit Seerosen drauf und jeder Menge Fröschen. Aber Glatze hat behauptet, dass er in fünf Minuten einen Fisch an der Angel hätte, und hat seine Schnur ausge-

worfen. Und es hat tatsächlich nicht lange gedauert und er hat geschrien: „Ich hab was! Ein fetter Brocken!" Die Angelschnur war wirklich total straff, bloß gesehen hat man nichts. Nur Blasen. Dann hat Glatze angefangen immer um den Tümpel rumzumarschieren und hat die Angel dabei hinter sich hergezogen.
„Ich muss den Fisch müde machen", hat er erklärt, „sonst kriege ich ihn nie raus!"
Mindestens zehnmal ist er um den Tümpel rum, dann haben wir zu zweit wie verrückt an der Angel gezogen und – einen Plastiksack rausgeholt.
Ich habe einen Moment gebraucht, bis ich's kapiert habe. Der Sack war mit Draht zugebunden und extra noch mit Klebestreifen drüber und ich hatte plötzlich Schiss, dass vielleicht irgendwas Ekliges drin sein könnte, Leichenteile oder so. Aber Glatze hat sein Messer rausgeholt und den Sack einfach aufgeschnitten. Und dann waren eine Thermoskanne drin und Teller und Messer und haufenweise Frühstückszeug, Brot und Marmelade und alles.
„Mann, ich hatte schon Sorge, dass ich den Sack nicht wiederfinden würde. Oder dass der Haken nicht hält", hat Glatze gesagt und dabei gestrahlt wie ein kleiner Junge. Er war extra am Abend vorher da gewesen und hatte alles vorbereitet!
Ich hätte ihn die ganze Zeit küssen können, so verrückt fand ich alles. Dann sind wir aufs Feld und haben Kohlrabi geklaut. Glatze hat Feuer gemacht und wir haben Brot geröstet und Kohlrabi und Marmeladenbrote und alles durcheinandergegessen, bis wir fast geplatzt sind.

Lola, Zettel Nr. 50

Ich war gerade mit Glatze beim Baden. Obwohl es schon dunkel war. Wir sind mit dem Fahrrad zum Freibad gefahren und über den Zaun geklettert.
Und dann haben wir gebadet. Beide nackt!
Ich habe mich nur kurz getraut, weil ich Schiss hatte, dass einer kommt. Aber Glatze ist sogar vom Fünfer gesprungen.
Ich bin müde und glücklich.

Lola, Zettel Nr. 51

Ich bin jeden Tag mit Glatze zusammen. Es ist sehr gut, besser, am besten.
Mir fällt gerade was auf: Als es mir mies ging, also zum Ferienanfang, in der Zeit VOR Glatze, habe ich manchmal an einem Tag gleich mehrere Zettel geschrieben. Und jetzt brauche ich nur EINEN Zettel für MEHRERE Tage! Es muss mir also gut gehen.
Sehr gut, besser, am besten!

Lola, Zettel Nr. 52

Ich weiß nicht, was das ist. Aber manchmal glaube ich, ich spinne. Ich meine, ich bin happy und eigentlich ist alles toll. Aber dann denke ich plötzlich, dass ich eigentlich nur noch das mache, was Glatze plant und was er will. Und das kann es ja wohl nicht sein.

Lola, Zettel Nr. 53

Habe ein paar Typen getroffen, hinterm Bahnhof.
Ich weiß gar nicht, was das für Leute waren. Ich glaube, es waren welche von der Antifa, so mit schwarzen Kapuzen und so. Die sich auf den Demos immer mit den Bullen prügeln. Der eine hat mir ein Flugblatt gegeben: GEGEN ALLE, DIE BRAUNE SCHEISSE IM HIRN HABEN.
Sie haben auch irgendwas von einer Demo gesagt, wo ich hinkommen soll. Vielleicht gehe ich ja auch hin. Ich meine, die machen wenigstens was. Nicht weil sie sich mit den Bullen prügeln, aber weil sie zum Beispiel gegen Neonazis sind.
Vielleicht gehe ich wirklich hin.

Lola, Zettel Nr. 54

Lydia hat noch mal geschrieben. Dass es immer noch ätzend ist und sie schon die Tage zählt, bis sie wieder zurückfahren.
Ich bin auch froh, wenn sie wieder da ist. Ich denke, ich erzähle ihr die Sache mit Glatze. Und außerdem kann ich ihr dann meine Wand zeigen. Lydia wird es mit Sicherheit total abgefahren finden! Und Sophie auch.

Lola, Zettel Nr. 55

Völlig irre. Je mehr ich mit Glatze zusammen bin, umso mehr merken wir, dass wir total das Gleiche denken. Und wir finden die gleichen Filme gut und mögen die gleiche Musik und alles.

Lola, Zettel Nr. 56

Ich singe! Richtig mit Mikrofon und allem! Vorhin hat Glatze was auf seiner Gitarre vorgespielt und ich habe ein bisschen dazu gesungen. Nur so. Aber Glatze war ganz hin und weg. Hat gesagt, meine Stimme übers Mikro müsste der volle Wahnsinn sein. Ich bin gespannt, ob das stimmt. Um fünf wollen wir uns treffen. Ich werde meinen Minirock anziehen, den Glatze so scharf findet. Und die High Heels von meiner Mutter.

14.

Glatze und Lola. Am Eingang zum Übungsraum unter der Kirche.

„Okay, Vorsicht jetzt", sagt Glatze und macht die Eisentür auf. Eine Flutwelle von Schlagzeugwirbeln schwappt durch den Kellergang. Lola presst sich die Hände auf die Ohren.

„Ratte ist da!", schreit Glatze dicht an ihrem Ohr. „Hab ich nicht gewusst, aber was soll's. Haben wir auch gleich ein Schlagzeug!"

Lola verdreht die Augen. Glatze weiß nicht, wie er das verstehen soll. Klar, mit Ratte hat er auch nicht gerechnet, hat ihn das letzte Mal gesehen, gleich nachdem Fischer ins Krankenhaus gekommen war. Aber noch mal Musik machen werden sie ja wohl wenigstens hinkriegen. Und außerdem passiert jetzt endlich mal was. Glatze hat die Dinge im Griff. Glatze managt *alles*. Für sich und für Lola und, wenn's sein muss, auch noch für Ratte.

Er zieht Lola weiter, Lola stakst auf ihren Stöckelschuhen hinter Glatze her, feuchte Luft schlägt ihnen entgegen, Zigarettenqualm. Abrupt bricht das Schlagzeugspiel ab, Ratte glotzt, als wäre gerade seine Mutter reingekommen, um ihn zum Mittagessen zu holen.

„Was soll das?", knurrt er zu Glatze rüber.

Glatze grinst. „Das ist Lola", sagt er.

„Ich weiß, wer das ist", knurrt Ratte. „Aber was will sie hier?"

„Sie singt", sagt Glatze, als wäre damit alles klar.

„Hey", regt sich Ratte auf, „wieso das denn? Mann, spinnst du, das geht nicht!"

„Klar geht das“, sagt Glatze. Er gibt Lola demonstrativ einen Kuss, streicht ihr über die Haare, dann will er sie gleich noch mal küssen. Aber Lola dreht sich weg, eine steile Falte zwischen den Augenbrauen.

„He“, sagt Glatze, „was ist los?“

„Nichts“, antwortet Lola. Dann sagt sie zu Ratte: „Ich singe, das ist alles. Und wenn ihr mir einen Bass gebt, kann ich auch spielen.“

Sofort holt Glatze Fischers Gitarrenkoffer hinter der Anlage vor, macht ihn auf, stöpselt den Bass ein und fummelt eine Weile am Verstärker rum.

Als er Lola den Gurt richtig einstellen will, wehrt sie unwillig ab: „Mensch, Glatze, komm wieder zu dir, das kann ich auch alleine!“

Verdammt, was ist bloß los?, denkt Glatze. Kapiert Lola nicht, dass er nur nett zu ihr sein will und dass er alles für sie tun würde, weil er verliebt ist? Er versucht es noch mal mit einem vorsichtigen Lächeln und – Lola lächelt zurück, ganz kurz nur, aber es reicht ihm, alles ist in Ordnung. Lola liebt ihn auch, klar, und Ratte soll es ruhig merken.

Ratte hat sie wortlos beobachtet. Jetzt springt er auf, ballt die Fäuste und brüllt Glatze an: „Bist du bescheuert, Mann? Du kannst ihr nicht einfach Fischers Bass geben! Das kannst du nicht machen, das ist wie …“

„He“, sagt Glatze, „reg dich ab. Das ist die Chance, mit Lola als Sängerin kriegen wir garantiert jede Menge Auftritte, und das mit Fischers Bass ist ja nur, bis er wieder da ist. Lola kann übrigens auch Klavier spielen. Mann, stell dir mal vor, noch ein Klavier dazu und ich lern vielleicht noch Saxofon oder so.“

Ganz cool. Das kann er sich erlauben. Er hat ihnen eine Sängerin besorgt. Das hätten die anderen nie hingekriegt. Und es ist ihm egal, was sie jetzt dazu sagen, er hat es einfach gemacht.

„Du bist ein Kameradenschwein, das ist es", stellt Ratte fest. Aber dann zuckt er mit den Schultern, setzt sich wieder hin und nimmt die Schlagzeugstöcke hoch, zwei, drei, vier.

Glatze dreht den Verstärker auf und hält seine Gitarre direkt vor den Lautsprecher, bis die Rückkopplung ihnen fast das Trommelfell zerreißt. Wütend drischt Ratte auf sein Schlagzeug ein, er hämmert über die Trommeln, schlägt mit aller Kraft. Lola findet sich wummernd in seinen Takt. Glatze nickt zu ihr rüber, lässt die Gitarre jaulen, jetzt, er gibt ein Riff vor, Lola beugt sich zum Mikrofon.

„Ich singe dieses Lied", schreit sie,
„für alle,
für alle, die nicht nur
braunen Scheiß
im Hirn haben,
die nicht nur
braunen Scheiß im Hirn haben ..."

Wieder nickt Glatze und grinst. Das ist es, er und Lola! Und Lolas Stimme klingt geil! Da wirft Ratte die Schlagzeugstöcke in die Ecke und tritt mit voller Wucht in sein Schlagzeug. Glatze kann gerade noch wegspringen, hinter ihm kracht scheppernd das große Becken zu Boden.

„Hast du 'n Knall?"

„Du hast den Knall, Mann!“ Rattes Stimme überschlägt sich. „Hast du nicht gehört, was sie gesungen hat? Da mach ich nicht mit, Mann, sag ihr sofort, sie soll was Vernünftiges singen. Wir sind eine Band, Mann, wir machen hier nicht Politik!“

„Wenn es dir nicht passt, dann hau doch ab!“, schreit Glatze zurück. „Geht dich nichts an, was Lola macht, hast du überhaupt nichts mit zu tun!“

„Du aber auch nicht“, sagt Lola und schiebt Glatze beiseite. Dann lehnt sie ruhig den Bass an die Wand und dreht sich zu Ratte um. „Was Vernünftiges, ja? Und was ist das? *Ich hab dich nicht verdient* oder *Fuck me all night long,* oder was?“

„Mit dir rede ich überhaupt nicht!“, schreit Ratte.

„Aber ich mit dir“, sagt Lola immer noch ruhig, und dann packt sie Ratte plötzlich und stößt ihn zurück, dass er mitsamt seinem Hocker zu Boden geht.

„He“, sagt Glatze lahm und guckt Lola nicht an dabei. „Hört doch auf, Mensch. Ist doch völlig egal, Ratte, was sie singt!“

Lola fährt herum. „Hier bin ich, Glatze, hier, ich steh vor dir, siehst du mich, ja? Gut. Und jetzt hört mir beide gut zu: *Es ist nicht egal.* Überhaupt nichts ist egal. Wir wissen, was alles voll daneben ist, aber wir tun nichts. Vielleicht müsste endlich mal einer von uns raus und losschreien, damit es alle hören!“

„Aber“, stammelt Glatze, „aber …“

„Hör auf!“, faucht Lola. „Hör bloß auf!“

Sie dreht sich um, will zur Tür, bleibt aber mit dem Stöckelschuh im Fußabtreter hängen. Sie bückt sich fluchend, zerrt den Schuh aus dem Eisengitter, schleudert ihn mit aller Kraft gegen die Wand, den zweiten Schuh hinterher und rennt barfuß raus.

„Warte!“, ruft Glatze. Er muss erst noch seine Gitarre loswerden, verheddert sich, lässt die Gitarre achtlos auf den Boden knallen, wieder jaulen die Rückkopplungen durch den Raum, hoch und schrill. Glatze hetzt hinter Lola her.

Auf der Wiese holt er sie ein und versperrt ihr den Weg.

„He“, sagt er, dann weiß er nicht weiter.

Lola sieht aus, als würde sie gleich heulen.

„Ich wollte doch nur …“, sagt Glatze lahm.

„Eben“, sagt Lola leise, „*du* wolltest doch nur. Das ist auch so eine Sache, immer nur du, merkst du das eigentlich nicht? Du redest andauernd über mich, als wäre ich gar nicht da. Als wäre ich irgendein Ding: Lola macht dies, Lola macht das, Lola singt, Lola kann auch Klavier spielen. Klasse, Mann, aber vielleicht fragst du mich erst mal! Ich kann nämlich für mich selber reden!“

„Aber ich dachte …“, setzt Glatze noch mal an.

„Lass es“, sagt Lola sofort, und dann leiser: „Pass auf, Glatze, so geht das nicht. Du machst mich völlig verrückt mit deinem Getue. Ich will das nicht, ich hab schon eine Mutter. Und wegen LOLA UND GLATZE: Es reicht nicht, das auf irgendeine Wand zu sprühen. So läuft das nicht. Wenn LOLA UND GLATZE was zusammen machen, dann, weil sie es beide wollen. Beide, verstehst du, das ist der Unterschied!“

„Mann“, sagt Glatze und ist mit jedem Satz, mit jedem Blick von Lola hilfloser geworden, „du verstehst mich völlig falsch. Mann, ich liebe dich doch, das ist es!“ Und im selben Moment weiß er, dass es danebengegangen ist.

Genau das meinte Lola nämlich: Es muss irgendwie mehr sein als das.

Lola sagt kein Wort mehr. In Glatzes Kopf dreht sich alles. Schließlich holt er tief Luft und legt los, ein letzter Versuch: „Also, pass auf, ich weiß, was wir machen. Ich schmeiße die Schule hin und wir machen einen Kiosk auf. Einen Kiosk, kapierst du? Ein Kiosk ist schon lange mein Traum. Ich denke, ich nehme vielleicht einen Kiosk mit einer kleinen Wohnung dahinter. Gibt es. Und wir nennen ihn …" Bei Lola und Glatze, hätte er fast gesagt, aber er bremst sich im letzten Moment und fängt stattdessen an davon zu erzählen, dass sie den Kiosk total bunt streichen könnten: „ … so wie das Haus, das ich uns auf der Insel bauen wollte. Und dann …"

Und dann fängt Lola wirklich an zu heulen, aber sie guckt Glatze dabei ins Gesicht. „Du hast nichts kapiert", sagt sie. „Ich will jetzt keine Geschichten hören! Und manchmal glaube ich außerdem, du meinst das wirklich ernst, was du da erzählst. Aber ich will keinen Kiosk, bestimmt nicht! Und ich will auch niemanden, der mir sagt, was ich zu tun habe, oder der glaubt, er müsste für mich denken, verstehst du, das kann ich alleine. Und ich brauche erst recht keinen, dem ansonsten alles egal ist. Und jetzt hau ab. Lass mich in Ruhe!"

Glatze bleibt einfach stehen. Bewegt sich nicht, sagt auch nichts mehr. Steht da und sieht hinter Lola her, als sie heulend wegrennt. Er fühlt gar nichts. Als wäre das nicht er, der da mitten auf der Wiese steht. Und als hätte es Lola nie gegeben.

Lola, Zettel Nr. 57

Ich bin nur noch müde. Ich habe keine Lust mehr. Finde alles zum Kotzen. Glatze auch. Vor allem Glatze.
Glatze ist nicht anders als die anderen, Glatze ist nur noch blöder. Vielleicht ist ein Kiosk genau das Richtige für ihn.

Lola, Zettel Nr. 58

Ich weiß nicht, was ich will. Aber DAS jedenfalls nicht!

Lola, Zettel Nr. 59

Wir sind NICHT genau gleich. Und wir finden NICHT die gleichen Filme gut und hören NICHT die gleiche Musik. Und das Gleiche denken tun wir schon gar nicht.

Lola, Zettel Nr. 60

Rausgehen und rumschreien – gegen alles, was mir stinkt!!! Ich habe mal von einem gelesen, der hat gesagt, dass er so lange leben will, bis man der Welt anmerkt, dass er da war.
Genau das ist es: Alle sollen merken, dass ich da bin. Mit Glatze ist es vorbei. Er kapiert es einfach nicht. Und ich habe keinen Bock mehr, immer wieder alles zu erklären. Wenn es ihm jetzt schlecht geht, kann ich es auch nicht ändern. Mir geht es auch schlecht. Ich habe Angst, dass ich genauso werde wie die Laberköpfe um mich rum. Dass mir alles egal ist, Hauptsache, MIR geht es gut.
Aber mir geht es nicht gut.
Scheiß Glatze.

Lola, Zettel Nr. 61

Als ich vor zwei Jahren mit meinen Eltern in Norwegen war, da hatte ich das Gefühl, dass ich LEBENDIG bin. Obwohl wir eigentlich gar nichts gemacht haben. Wir sind nur mit dem Kanu rumgefahren und abends haben wir Feuer gemacht und darauf gewartet, dass es dunkel wird. Ich habe einen Turm aus Steinen gebaut, mitten im Wasserfall, und mein Vater hat mir geholfen und wir haben beide gewusst, dass der Turm nicht halten wird. Aber das war in Ordnung und es hätte immer so weitergehen können.
Warum kann es hier nicht immer genauso einfach sein?

Lola, Zettel Nr. 62

Vorhin war mein Vater bei mir im Zimmer. Wollte wissen, was los ist mit mir und warum ich mich so hängen lasse und ob es überhaupt nichts mehr gibt, was mich interessiert.
Ich möchte mal wissen, was er sich eigentlich gedacht hat, was ich darauf antworten sollte! Kommt rein und knallt mir seine Fragen um die Ohren und glaubt auch noch, dass er sofort eine vernünftige Antwort kriegt.

Ich habe ihn jedenfalls angemacht: „Was willst du überhaupt von mir? Kann dir doch völlig egal sein, was mich interessiert und was nicht!" Und dann haben wir uns erst mal voll gefetzt.
Zuletzt ist er rausgegangen, mit hängenden Schultern und dem Blick in Richtung Fußboden.
Manchmal glaube ich, er wünscht sich, dass ich all das hinkriege, was er nicht geschafft hat. Dass ich immer jede Menge Power habe und GENAU weiß, was ich will, und GENAU das mache. Aber gleichzeitig hat er ja Angst, dass ich dann auf die Fresse falle. Also versucht er mir am nächsten Tag exakt das wieder auszureden. Schizo! Typisch Eltern.

Lola, Zettel Nr. 63

Habe mich inzwischen wieder halbwegs beruhigt. Es ist immerhin gut, dass mein Vater und ich uns über die gleichen Sachen aufregen. Im Prinzip wenigstens. Das kann man bestimmt nicht von allen Eltern sagen.

Lola, Zettel Nr. 64

Ich weiß überhaupt nicht, warum ich so fertig bin. War doch klar, dass es nicht für immer ist. Und das wäre ja wohl auch echt schlimm. Ich meine, Glatze ist nicht der einzige Mann, den es gibt!
Aber es hätte trotzdem ruhig noch ein bisschen länger dauern können.

Lola, Zettel Nr. 65

Meine Mutter hat mir Frühstück ans Bett gebracht. Aber sie hat nichts gefragt! Und deshalb war es toll. Wir haben einfach nur im Bett gesessen und gefuttert. Frische Brötchen und Marmelade (Aprikosen!) und Käse und Joghurt. Und hinterher war alles voller Krümel. Sogar bei meiner Mutter in der Schlafanzugjacke waren welche. Wir haben uns fast kaputtgelacht darüber. Bis meine Mutter sich dann fürchterlich beeilen musste, damit sie nicht zu spät zur Arbeit kommt.
Ich habe die Sachen in die Küche gebracht und den Abwasch gemacht und dann habe ich Musik gehört. Erst ein bisschen meine neue CD von den Kooks und dann Mando Diao und solche Sachen. Aber irgendwie war das alles nichts. Bis ich mir Rio Reiser von

meinen Eltern geholt habe: „Junimond". Echt ein uraltes Teil, aber plötzlich hab ich mich richtig gut gefühlt. Und ich habe gedacht, es ist eigentlich alles gar nicht so schlimm. Irgendwann passiert es plötzlich von ganz alleine: Es geht dir wieder gut und du weißt, dass du alles schaffen kannst.

Lola, Zettel Nr. 66

Also: Ich hab mir überlegt, was die wichtigsten Dinge sind, die ich tun will. So eine Art Spielregeln für mich ganz persönlich, auch wenn das saublöd klingt. Als wäre ich meine eigene Oma. Trotzdem:

1. Ich mache immer genau das, was ICH will – zum Beispiel gegen die Besserwisser und Dumpfbacken in dieser Welt kämpfen.
2. Ich werde mich einmischen, egal, ob es dann Ärger gibt oder nicht!
3. …

Ich glaube, die Idee mit den Spielregeln ist doch nicht so gut. Es scheint irgendwie mehr was zu sein, was man MACHEN muss. Wenn man es schreibt, klingt es wie die Zehn Gebote im Konfirmandenunterricht. Und die hab ich noch nie verstanden. Haha. Es bleibt bei 1.! Das reicht.

Lola, Zettel Nr. 67

Ich habe mir neue Klamotten gekauft! Lauter schräges Zeug, Slim-Fit-Jeans und einen Pulli, der fast bis an die Knie reicht, oben Streifen und unten so eine Art Schottenkaro, und dazu echt abgefahrene Boots, wie Cowboystiefel. Mit meinen Haaren habe ich auch was gemacht. Ich hab mir einen Pony geschnitten, völlig schief, damit eins gleich klar ist, nämlich dass ich es bin, eindeutig und unverwechselbar: Lola.

Meine Eltern haben erst ziemlich blöd geguckt, als sie mich gesehen haben. Aber dann haben sie sich wieder eingekriegt und wir sind sogar zusammen ins Theater gegangen! Ich voll aufgebrezelt und meine Alten wie immer. In so eine alte Fabrikhalle, ohne richtige Bühne und so. Wir waren irgendwann schon mal da, weil meine Eltern auf so was stehen, und damals fand ich das Publikum ziemlich öde. Deshalb hatte ich auch erst keinen Bock auf eine Wiederholung. Aber dann bin ich doch mit, wenn auch mehr, um meinen Eltern einen Gefallen zu tun.

Und das Stück, das wir dann gesehen haben, war wirklich irre! „Bezahlt wird nicht!" von Dario Fo (was für ein blödsinniger Name!). Mein Vater hat mir natürlich noch jede Menge über diesen Dario Fo erzählen wollen, aber mich hat nur das Stück interessiert.

Aus Wut, dass im Supermarkt die Preise immer höher geschraubt werden, fangen nämlich ein paar

Frauen einfach an, die Sachen zu klauen, die sie brauchen, aber nicht mehr bezahlen können. Und dann wird es völlig verrückt, weil ihre Männer nämlich Schiss kriegen und die Frauen sich alles Mögliche einfallen lassen müssen, um sie wieder zu beruhigen. Und dann kommt auch noch die Polizei. Aber die Frauen sind schlauer. Im Grunde denken sie ja auch nur total praktisch. Und sie machen eben das, was sie für richtig halten.
Meine Mutter hat hinterher erzählt, dass das Stück zuerst in Mailand gespielt worden ist und danach haben ein paar Hundert Hausfrauen den Supermarkt geplündert. Irre!

15.

Glatze. Fünf Tage später, mit dem Fahrrad, an der Autobahnunterführung.

Glatze hat einen Briefumschlag auf dem Gepäckträger, DIN A4, darauf steht: *Lola Helmke*. Und die Anschrift dazu. Kein Absender. Klar, er könnte den Brief auch bei Lola in den Kasten werfen. Aber er will nicht, dass ihn jemand dabei sieht. Oder dass er womöglich Lola trifft, während er gerade bei ihr vor dem Haus steht. Nein, sie soll das Ding mit der Post kriegen. Sieht nicht nur besser aus und so, sondern macht es auch irgendwie wichtiger. Immerhin hat er fast zwei Tage und gestern die ganze Nacht daran geschrieben. Hat auch nicht seinen PC genommen, sondern sich die Schreibmaschine von seinem Großvater geholt. Absolut stilecht, ohne Kompromisse, bis die Finger wehtaten. Die letzten Seiten musste er in Rot schreiben, weil das schwarze Farbband verbraucht war. Aber er hat es geschafft. Seine Geschichte, von der er Lola schon erzählt hatte, als es sie noch gar nicht gab. Nur um ein bisschen anzugeben. Aber jetzt gibt es sie wirklich. Er hat es gemacht, er hat nicht geheult oder die ganze Zeit an die Decke gestarrt, er hat eine Geschichte geschrieben! Und Lola soll sie kriegen. Und vielleicht … Nein, bestimmt nicht. Aber warum eigentlich nicht?

„He, Vorsicht! Pennst du?“

Glatze kann gerade noch bremsen. Direkt vor ihm steht ein VW-Bus, quer über den Radweg geparkt. *Stadtwerke* liest Glatze auf der Beifahrertür. Ein Mann in orangefarbenem Arbeitszeug zeigt Glatze einen Vogel, dann wuchtet er mit einem zweiten Mann ein Dampfstrahlgerät von der Ladefläche.

Vorne in der Fahrerkabine sitzt noch ein Dritter, packt gerade Butterbrot und Thermoskanne weg. Er nickt Glatze kurz zu, unwillkürlich nickt Glatze zurück. Offensichtlich haben sie eben erst die Betonpfeiler und die Wände der Unterführung mit einem Lösungsmittel eingesprüht, der scharfe Chemiegeruch steigt Glatze in die Nase. Der Typ aus der Fahrerkabine richtet jetzt den Dampfstrahl auf die Betonpfeiler: dichter, heißer Nebel hüllt Glatze ein. In Sekunden zerläuft *LOLA UND GLATZE!* zu schmierigen Streifen, dann ist nur noch nackter Beton zu sehen, nass und glänzend.

So einfach geht das, denkt Glatze. Eben glaubst du noch, du hättest die Dinge im Griff, und dann stehst du doch wieder nur vor einer nackten Betonwand. Und es ist, als wäre es nie anders gewesen. – Falsch! Ein paar Dinge *sind* anders.

Klar, es war idiotisch zu glauben, dass es immer schön so weitergehen würde mit ihm und Lola … Das reicht nicht. Und es ist nicht *alles*. Da hat Lola verdammt recht. Es gibt noch tausend andere Dinge, die er in den Griff kriegen muss. Er muss nur noch rauskriegen, wie. Aber warum soll ausgerechnet er es nicht schaffen? Warum eigentlich nicht?

Glatze merkt, dass er den letzten Satz laut vor sich hin geredet hat. Und die drei Typen aus dem VW-Bus starren ihn mittlerweile an, als wollten sie gleich einen Krankenwagen rufen. Glatze grinst. Dann grüßt er übertrieben freundlich und schwingt sich wieder auf sein Rad. Erst zur Post und dann ins Krankenhaus.

Glatze schiebt den Jackenärmel hoch, sieht auf die Armbanduhr. Um vier will er sich mit Ratte treffen, Station 20, Zimmer 725. Wenn er sich ein bisschen ranhält, müsste er es gut schaffen. Vielleicht darf Fischer heute schon aufstehen. Eine Runde im Rollstuhl hin- und herfahren. Sie haben ihm übrigens doch nicht das Bein abgenommen. Es wird zwar einige Zeit dauern, Reha und so, und es kann sein, dass sein Fußgelenk steif bleibt, aber mehr nicht. Fischer hat noch mal verdammt Glück gehabt. Sie alle haben die ganze Zeit verdammt Glück gehabt. So ist das, denkt Glatze. Und ist sich auf einmal ziemlich sicher, dass sie heute darüber reden können. Dass sich auch für Ratte und Fischer irgendwas verändert hat. Nicht alles. Aber vielleicht *etwas.*

Lola, Zettel Nr. 68

Ich habe Post bekommen. Einen richtig dicken Umschlag. Ohne Absender. Aber ich habe gleich gewusst, dass er von Glatze ist.
So ein Gekrakel konnte nur von Glatze sein.
Glatzes Geschichte.
Kein Wort dazu, nichts mit „Liebe Lola, es tut mir leid" oder so, keine tollen Liebeserklärungen, nichts, nur die Geschichte. Von der er ganz zu Anfang geredet hat. Und alles mit einer alten Schreibmaschine geschrieben, die beim A und beim O jedes Mal kleine Löcher ins Papier gehackt hat.
Ich weiß noch nicht, ob ich die Geschichte lesen will.
Vielleicht.
Obwohl ich mir ja geschworen habe, dass mich Glatze einen Dreck interessiert. Wahrscheinlich mache ich es heute Abend. Habe sowieso nichts Vernünftiges mehr zu lesen, da kann ich mir genauso gut Glatzes Geschichte vornehmen.

16.

Glatze. Zu Hause. Draußen gießt es in Strömen.

Glatze ist alleine. Seine Eltern sind in der Stadt. Später wollen sie sich mit ihm treffen, um essen zu gehen.

Glatze zappt sich durch die Kanäle, das Übliche: MTV, VIVA, terranova, vor und zurück. Sein Handy klingelt, Ratte wahrscheinlich. Egal, denkt Glatze, soll später noch mal anrufen, hab keine Lust jetzt. Glatze schaltet den Fernseher lauter. Aber das Handy hört nicht auf zu klingeln. Gerade will Glatze den Anrufer genervt wegdrücken, da sieht er die Nummer auf dem Display. Wie elektrisiert springt er auf, verstreut Kartoffelchips auf dem Boden, egal, Fernseher aus – so, jetzt: „Ja, hallo, hier bin ich!"

„Schön", sagt Lola.

Sie ist es wirklich! Lola ist dran!

„Hab gerade Fernsehen geguckt", erklärt Glatze und versucht mit der freien Hand, die Chips wieder in die Tüte zurückzustopfen.

„Stör ich?", fragt Lola.

„Nee", sagt Glatze schnell, „überhaupt nicht."

„Ich hab deine Geschichte gelesen", sagt Lola.

„Ja, gut", sagt Glatze.

„Ist wirklich gut", sagt Lola. „Aber deswegen rufe ich nicht an."

„Ach so."

„Das heißt, eigentlich doch ... Aber ich wollte dir vor allem sagen, dass ich dir nie geglaubt habe, dass du wirklich an einer Geschichte schreibst. Na ja, und ich hätte es doof gefunden, wenn ich dir das nicht gesagt hätte."

„Hä?“, macht Glatze. „Ich kapier kein Wort.“

„Macht nichts“, sagt Lola. „Vergiss es. Also dann ...“

„He, warte!“, ruft Glatze. „Stimmt ja auch, ich hatte damals ja auch keine einzige Zeile geschrieben!“

„Was?“, sagt Lola und fängt an zu kichern. „Also, jetzt kapiere *ich* kein Wort mehr!“

„Vergiss es“, sagt jetzt Glatze, „aber ich wollte dir auch noch was sagen.“

„Und?“

„Also mit dem Kiosk und so, ich hab mir das noch mal überlegt. War vielleicht nicht die beste Idee. Aber jetzt weiß ich wirklich was ...“ Glatze holt tief Luft. „Pass auf, was hältst du von Hausmeister? Hausmeister von einer Schule, ja? Das wär's, hab mir alles genau überlegt, dann krieg ich eine gute Wohnung, hab immer gute Laune, weil, ist ja klar, null Aggressivität und so, weil ich ja den ganzen Tag kleine Kinder zusammenscheißen kann ... He, bist du noch da?“

„Ja“, sagt Lola leise, „ich bin noch da.“

„Gut ...“ Glatze redet so schnell weiter, dass er fast ins Stottern kommt. „Jetzt kommt nämlich das Wichtigste, mit einem Hausmeisterjob können wir beide jede Nacht Party machen, mit hundert Leuten, wenn wir wollen, und weißt du auch, wo? Ich verrat es dir: In der Turnhalle, schön Matten raus und Party. Na, was sagst du dazu?“

„Klasse“, sagt Lola nach kurzem Zögern, aber ihre Stimme klingt müde. „Spitze, Glatze, ich glaube, das ist die Idee überhaupt. Und in der großen Pause verkauf ich dann Milch an die Kinder, und Joghurt und so.“

„Genau“, macht Glatze weiter, „das ist dann wie Hausmeister und Kiosk in einem ...“ Wann merkt sie es endlich? Oder will sie es einfach nicht? Das ist ihr Spiel. Lola und Glatze. Sie beide zusammen … Und die Fäden halten sie in der Hand und niemand sonst. Da ist kein Puppenspieler, der sie dirigiert. Da sind nur sie.

„Aber du musst heißen Kakao verkaufen, verstehst du, total heiß!“

Keine Reaktion. Glatze merkt, wie ihm der Schweiß ausbricht.

Doch dann legt Lola auf einmal los: „Total heiß. Klar, was sonst. Und dann verbrennen sie sich alle die Zunge, so wie du damals bei meinem Geburtstag.“

Ja! Glatze würde am liebsten laut schreien vor Erleichterung. „Das ist es“, prustet er. „Und dann fällt der Unterricht aus, weil sie alle nicht mehr reden können!“

Aber im nächsten Moment fragt Lola: „Weißt du eigentlich, dass du heute Geburtstag hast?“

„Klar“, sagt Glatze, „klar weiß ich, dass ich heute Geburtstag habe. Na und?“

„Hast du schon was vor?“

„Nee, nicht wirklich. Wieso?“

„Ich würde dir gerne was kochen“, sagt Lola.

„Heißen Kakao!“, platzt Glatze raus.

„Genau“, sagt Lola. „Und danach machen wir Kuchenwettessen bei mir!“

„Echt?“, fragt Glatze. „Meinst du das jetzt ernst?“

„Nein, weißt du“, sagt Lola, „nur wenn du einen Anzug anziehst. Es muss ja nicht der karierte sein, es kann irgendeiner sein.“

„Aber … ich hab doch überhaupt keinen Anzug. Kann ich nicht trotzdem kommen? Ich bring auch Erdbeerkuchen mit!“

„Okay“, sagt Lola, „aber dann kriegst du nichts weiter geschenkt.“

„Hätte ich sonst noch was gekriegt?“

„Klar, was Gutes sogar.“

„Und was?“

„Sag ich nicht.“

„Sag's.“

„Nein.“

„Doch.“

„Nur wenn du mit Anzug kommst.“

„Okay“, sagt Glatze, „ich mach's. Sagst du es mir dann jetzt schon?“

„Machst du es wirklich?“

„Ja.“

„Bringst du auch Erdbeerkuchen mit?“

„Ja, hab ich ja gesagt.“

„Und trinkst du deinen Kakao, auch wenn er noch total heiß ist?“

„Klar, mach ich alles.“

„Dann sag ich es dir jetzt“, sagt Lola. „Also, du kriegst von mir …“

„Ja?“

„… ein Blatt Papier, ziemlich groß und total weiß, nichts drauf, kannst du es dir vorstellen?“

„Klar, total weiß, nichts drauf. Kann ich mir gut vorstellen.“

„Und mittendrin ist ein Loch. Ein kleines, rundes Loch. Zum Durchgucken.“

„Logisch, wozu sonst?“

„Und auf der Rückseite steht …“ Lolas Stimme ist jetzt ganz leise, Glatze quetscht sich das Handy ans Ohr, dass es schon fast schmerzt. „Und auf der Rückseite steht: *Für Glatze*“, sagt Lola. „Und darunter: *Ein Loch, um den Himmel zu sehen*. Bis gleich.“

Lola hat aufgelegt.

Bis gleich, hat sie gesagt. Glatze rennt ins Schlafzimmer seiner Eltern und reißt den Schrank auf. Nimmt die Anzüge seines Vaters und wirft sie aufs Bett. Der Frack ist gut, genau richtig, mit Weste und allem. Irgendwo müssen auch noch Hemden sein. Da. Eins mit Rüschen sogar. Seide. Glatze zieht sich das T-Shirt über den Kopf, schleudert die Jeans in die Ecke.

Ein paar vernünftige Schuhe braucht er noch. Quatsch, die Turnschuhe sind okay. Ein Loch, um den Himmel zu sehen!

Leseprobe aus:

Nortrud Boge-Erli, Zwischen Himmel und Hölle

Schulausgabe erschienen im
Hase und Igel Verlag, Garching b. München
ISBN 978-3-86760-106-1
Begleitmaterial für Lehrkräfte
ISBN 978-3-86760-406-2

Das Gesicht im Spiegel schaute ihr fremd entgegen. Dieses Mädchen kannte sie nicht. Aufgerissen die tintenblauen Augen, der Mund tiefrot und aufgesprungen wie eine Hibiskusblüte aus der Knospe. So rot hatte sie ihre Lippen manchmal abends geschminkt, wenn sie sich mit den anderen in der Jugendlounge traf. Jetzt aber waren sie nicht geschminkt. Diese Lippen hatten sich verändert, weil ER, ihr Apostel Thomas, nein, nur ihr wirklicher Tom mit dem Jesusgesicht, sie geküsst hatte.

Ohne dich wäre ich verloren. Ohne dich gäbe es mich nicht. Ohne dich wär' ich nie geboren. Ohne dich käm' ich nie zum Licht … So sangen sie im Gottesdienst und Lisa war fast immer die Vorsängerin. Und das Du war Jesus, Gottes Sohn. Jetzt drängte sich ein fremdes Du in den heiligen Text. Nein, kein fremdes Du. Ein so sehr liebes Gesicht, Hände, schmal, leicht, kräftig, Fingerkuppen, deren leise Berührung auf Lisas Haut brannte.

„Du spinnst, Lisa!", sagte sie in das Spiegelgesicht hinein und das Gesicht lachte. Der Mund lachte mit hellen Zähnen. Mit gleichmäßigen, schönen Zähnen und in den Augen dieser fremden Lisa glitzerten kleine Sterne.

„Kommst du endlich? Du bist schön genug! Wir brauchen dich jetzt echt!“ Maria holte Lisa in die Wirklichkeit zurück.

Das Gesicht lief rot an und verwandelte sich in die alte Lisa, die sich selbst wiedererkannte. Die sich beherrschen konnte. Die freundliche, nette Lisa Wagner, die hier in der Gemeindefreizeit den Kindern eine gute Betreuerin sein wollte, teamfähig und überall einsetzbar. Nichts sonst. Was denn sonst? Wenn da noch etwas anderes gewesen wäre, hätte sie es wegschieben müssen, verdrängen.

Bastelmaterial für die Bibelstunde der Kinder bereitstellen: Buntpapier, Kleber, kleine Scheren mit bunten Griffen und abgerundeten Schneideblättern. Zwei grüne Linkshänderscheren für Pia und Nathanael. Die Taschenlampen für die Nachtwanderung vorbereiten, falls das Wetter so bliebe, den Filmabend vorbereiten, falls die Wolken, die sich im Westen sammelten, doch wieder einen ihrer Schauer loslassen würden. Beten, dass es regnen würde, damit Tom noch bei ihr bliebe. Beten, dass sie weiterfahren würden, Tom und Paul, die nicht hierhergehörten, die sich verirrt hatten, die Gott geschickt hatte, damit Lisa sich verirren konnte, verlieren in einem wunderbaren Gefühl. Ganz leise pochte der Verdacht, dass Tom lediglich eine Prüfung sein könnte. *Und führe uns nicht in Versuchung …*

Himmlischer Vater, wenn du willst, dass ich Tom vergesse, betete Lisa in Gedanken, während sie die Kakaotassen für den Nachmittagsimbiss auf den Tischen verteilte, dann lass die Sonne scheinen, damit sie bald wieder wegfahren, die beiden Radler. Wenn ich ihn vergessen soll, dann lass bitte den Wind alle Wolken wegwehen, damit die Jungs ihre Sachen packen und fahren. Wenn nicht, lass es regnen, damit sie bleiben …

Es war jetzt Viertel vor zwei. Um zwei, wenn die Kleinsten vom Mittagsschlaf aufgewacht waren, gab es Kakao und Kekse. Lisa prüfte, ob alle Gedecke vollzählig waren. Ob jedes Kind seine Serviette neben dem Platzdeckchen mit Namenszug hatte. Dann verließ sie den Speisesaal. Warm war es draußen und es duftete nach Sonne und Wald, wie es vor einer Stunde geduftet hatte, als sie mit Tom …

Die Fahrräder funkelten in der Sonne. Tom und Paul hatten gepackt. Auch das Zelt hatten sie abgebaut, es hing wie schlaffe Fallschirmseide über dem Zaun, damit die Unterseite des grauen Bodens vollends trocknete. Eingepackt wäre es in Minuten. Und notfalls würden Tom und Paul es ebenso schnell wieder aufstellen, falls es regnete und sie blieben.

Auf der Wiese hinterm Haus kickten Tom und Paul mit den größeren Mädels und Jungs, Philip und Nele Busch waren dabei, Nathanael Stamm, Sam Heuer, Veronika Klum und Johannes Spät – die schwierige Gruppe. Tom lachte und Paul rief Anweisungen wie der Trainer einer Fußballmannschaft. Sie würden gut ins Team passen, dachte Lisa. Sport stand ganz oben auf der Programmliste des Jugendtreffs. Nur Musik war noch wichtiger. Die Lobpreisgruppe, zu der Lisa gehörte, in der sie Leadsängerin war. Ob Tom musikalisch war? Vielleicht konnte er Schlagzeug spielen. Seit Luca in Kalifornien lebte, fehlte ein guter Schlagzeuger.

Wieder durchzog ein Kribbeln ihre Bauchdecke, stieg plötzlich in ihr auf und presste ihre Lungen zusammen.

Luca Becker! Ihr Versprochener stand sekundenlang als gespenstischer Schatten vor ihr. Sie atmete tief. Atmete das Gespenst weg.

Tom und Paul waren doch nur zwei nette Typen, zufällig hereingeschneit oder vielmehr hereingeregnet. Nein, dachte Lisa, du, Herr, hast sie hergeführt. Nun sag mir, was diese beiden für unsere Gemeinschaft bedeuten sollen. Und was Tom für mich sein darf und was nicht.

Der Wind ballte die Wolken zu weißen Haufen. Er fegte den Himmel blank. Er ließ die Buchenblätter am Waldrand silbergrün flimmern. Das Urteil Gottes stand in den blauen Himmel geschrieben. Wenn das Wetter schön blieb, würden die Jungs gleich nach dem 14-Uhr-Tee fahren. Weit hätten sie es nicht bis an die Tauber, wenn sie die normale Fahrstraße nähmen. Und schon übermorgen würden sie von Pauls Vater in Wertheim abgeholt. Seltsam war es schon, dass die beiden ausgerechnet aus Essen kamen, also nahe genug wohnten, um im Gemeindezentrum an einem Gottesdienst teilzunehmen.

Lisa und Maria übten Ballfangen im Kreis mit den Kleinen, die schon wach waren. Aus den Augenwinkeln beobachtete Lisa die Jungs. Maria warf ihr nicht nur den roten Ball mit den Sprenkeln zu, sie warf auch Blicke. Pfeilklein und spitz. Maria sah fast alles. Aber das, dachte Lisa, das im Wald hat sie nicht mitgekriegt. Es ist vielleicht auch gar nicht wirklich geschehen. Es kommt mir ja selber unwirklich vor, dass Tom mich im Arm hatte. Schaut er überhaupt her? Sieht er mich? Tom dribbelte, lachte, kämpfte gegen Pauls Mannschaft.

„Jetzt pass doch auf, Lisa! Fangen! Nicht träumen!“, rief Maria ärgerlich.

Wind kam auf, schon wieder dieser Wind, der die Wolken vor sich herschob wie dicke graue Vorhänge aus Wasser. Gott änderte seine Meinung. Wenn es regnete, hätten die Kinder Pech, die Nachtwanderung fiele aus. Aber Tom und Paul müssten bleiben. Und später, wenn der Regen nachließe, würde Lisa sich wieder in das fremde Mädchen verwandeln und Tom in der Grillhütte treffen. Würde sie das wirklich tun oder nur in ihrer Fantasie?